誤

한자의 형태와 관련된
한자어의 오류

用

주로 한자의 뜻과 관련된
한자어의 오남용

우리말을 훼손하는

한자어의 오용과 남용

팽철호 지음

한자의 발음과 관련된
한자어의 오남용

말뜻의 중복

발음과도 관련이 있으나
주로 뜻과 관련된 한자어의 오남용

用

문법적인 문제가 있는
한자어

濫

신아사

머리말

우리나라의 대표적인 국어사전에 등재되어 있는 어휘의 70%에 가까운 숫자가 한자어라고 한다.[1] 한국말에서의 한자어 비중이 매우 크다는 말이다. 추상개념은 대부분 한자어로 되어 있고, 일상생활과 관련된 어휘들 중에도 한자어로 된 것이 적지 않다. 개중에는 '심지어(甚至於)' 등과 같이 하도 익숙해져서 그것이 본래 한자어라는 사실을 알아차리기 힘든 것도 있고, '배추'나 '옥수수' 같이 한자말의 중국어 발음이 변형되어 본래 우리말인 것처럼 보이는 것도 있다. 많은 한자어가 우리말의 일부분이 되어 일상생활에서 별다른 이질감 없이 자연스럽게 쓰이고 있는 것이다. 한국인들이 오랜 동안 한자어를 적극적으로 도입하고 활용한 결과다. 이런 면에서 한자어는 일견 물에 우유 섞이듯이 매우 성공적으로 우리말에 동화되었다고 할 수 있을 듯하다.

그러나 실제로 한자어를 정확하게 사용하는 것은 결코 쉬운

---

1 박희준 · 김채연 기자, <한자 알아야 한글 살린다>, <세계일보> 2011.06.30 : "30일 국립국어원에 따르면 지난 1월 개원 20주년을 맞아 표준국어대사전 표제어를 분석했더니 한자어가 58.5%, 고유어가 25.5%, 혼용어가 10.6%, 외래어가 5.4%를 차지하는 것으로 나타났다. 전체 표제어의 69.1%가 한자어라는 뜻이다. 국어에서 한자와 한글은 떼려야 뗄 수 없는 관계임을 보여준다."

일이 아니다. 한자가 본래 우리말을 표기하기 위한 수단으로 고안된 문자가 아니라는 사실에 한자어 사용의 어려움이 전제되어 있다. 한자가 본래 근거한 언어는 중국어이고, 그 중국어와 우리말은 어순을 비롯한 여러 방면에서 상당히 다른 성격을 드러내기 때문이다. 우리말과 결이 다른 한자어가 우리말과 완벽하게 융화되는 것은 애초에 쉽지 않게 되어 있는 셈이다. 중국인들의 오랜 생활 경험에서 나온 성어나 전문용어는 우리말에 자연스럽게 녹아들기가 더더욱 어려울 수밖에 없다.

한자어 사용의 어려움은 한자어를 구성하는 한자의 수가 너무 많다는 점과 더 큰 관련이 있다고 하는 것이 아마도 옳은 진단일 것이다. 5만 자를 넘는 한자의 수 자체가 이미 난공불락의 장애물이다. 일반인은 물론이고 한문을 전문으로 하는 전문가라고 하더라도 평생 그 글자를 다 익힐 수 없다. 그 많은 한자 중에는 형태가 비슷한 글자가 부지기수이고, 발음이 같거나 뜻이 비슷하여 구분하기 쉽지 않은 것도 엄청나게 많다. 일상생활에 필요한 어휘를 만드는 데에 동원되는 한자의 수는 제한되어 있다고 해도 우리말 어휘의 과반을 점하는 한자어를 구성하는 한자를 다 안다는 것은 그렇게 쉬운 일이 아니다. 그렇기 때문에 특별한 노력을 기울이지 않으면 한자어의 사용에서 오용과 남용의 오류를 피하기 어렵다. 그래서 우리의 일상 언어생활에서 발견되는 한자어의 오용과 남용 사례를 수집하여 분석함으로써 우리말의 중요한 구성 요소인 한자어를 올바르게 사용할 수 있는 방도를 모색할 필요가 있다.

이 책에서는 한자의 형태와 관련된 것·한자의 발음과 관련된 것·한자의 뜻과 관련된 것·한자의 배열순서와 관련된 것들을 종합적으로 검토하되, 자료 수집의 편의상 인터넷에 떠도는 글들을 위주로 하였다. 필요에 따라 다양한 성격의 자료를 수집하고자 노력했지만 문제의 심각성을 두드러지게 하기 위하여 글을 쓰는 것을 생업으로 하는 사람들의 글을 우선적으로 선택하였다. 그리고 한자어의 오용과 남용이라는 명예롭지 않은 일과 관련된 문제인 만큼 글쓴이들의 이름을 '○○'으로 표기하여 그들의 명예에 누가 되지 않게 하고자 배려하였다. 논지 전개의 과정에서 의욕만 앞서고 능력이 따라가지 못해서 범한 학술적인 오류에 대해서는 독자 제현들의 아낌없는 가르침을 바란다.

2012년 8월

북한산 자락에서 팽철호 삼가 씀

개명 수정판의 발간에 부쳐

이 책은 2013년 1월에 '당신이 잘못 쓰는 우리 한자어'라는 이름으로 처음 출간되었다. 근래에 외국어와 외래어의 무분별한 사용과 함께 한자어의 오용과 남용으로 말미암아 우리말이 심각히 훼손되고 있다고 생각한 필자가 어문학을 전공하는 학자의 순진한 책임감으로 썼던 책이다. 마음이야 대세를 되돌리고 싶은 충정으로 가득 차 있었지만, 그것이 실현 불가능한 것임은 애초에 잘 알고 있었다. 중국의 성어 중에 '인미언경(人微言輕)' 곧 "사람의 위상이 보잘것없으면 그의 말이 중시되지 않는다."라는 말이 있듯이, 필자의 이 책에 눈길을 주는 이가 별로 없을 것이라고 짐작하고 있었던 것이다. 그래서 생각했던 것이 자극적인 책제목을 뽑는 것이었다. 지인의 도움을 받아 '당신이'라고 시작하는 도발적인 느낌의 책 제목을 뽑은 데에는 그런 요량이 있었다. 그 작전도 별로 성공한 것 같지는 않지만, 그래도 어문학을 전공하는 학자로서 할 도리는 했다고 자위하고 일단락을 지었다.

그런 중에 달포 전 뜻밖에 신아사에서 이 책의 수정판을 내자는 의견을 제시하였다. 이미 끝난 일로 치부하고 있던 참이라 그 제안이 썩 반갑지는 않았지만, 독자에게 초판의 오류를 줄인 개정판을 제공해야 할 저자로서의 도리는 외면하기 어려웠다.

그래서 얼마간의 노력을 기울여 이와 같은 수정판을 내게 되었다. 하지만 책의 내용에는 큰 변동이 없다. 대부분은 맞춤법이 잘못되었거나 표현이 어색한 부분 등 자잘한 오류들을 바로잡은 정도다. 물론 부분적으로 내용을 조정한 곳도 두어 군데 있기는 하다.

이 수정작업에는 국민대 중문학과 대학원생 이윤경 학생이 큰 도움을 주었다. 필자의 눈에는 잘 띄지 않았던 오류들을 객관적인 시각에서 정밀하게 지적해주었고, 간혹 독자의 관점에서 보다 나은 표현을 제시하기도 하였다. 이 책이 전보다 더 충실한 모습으로 거듭나게 해준 이윤경 학생에게 충심으로 감사한다.

수정 원고를 보내고 나서 신아사 한규갑 상무로부터 수정판을 내는 김에 책의 이름도 바꾸자는 출판사의 제안을 받았다. 전술한바 이 책의 본래 이름에 담긴 저자의 의도가 꺼림칙하던 참에 그렇게 하는 것이 좋겠다고 생각하여 책의 이름을 '우리말을 훼손하는 한자어의 오용과 남용'으로 바꾸었다. 이것은 이전 것보다 이 책의 내용상 특성을 잘 반영하는 이름일 뿐만 아니라, 저자가 본래 생각했던 이 책의 이름이기도 하다. 새삼스레 정명(正名)을 한 셈이다.

이윤경 학생이 교정을 본 책을 건네주면서 '항목별로 독립된 내용으로 구성되어 있어서 어디를 펼쳐 보아도 문제될 것이 없으니 전철 같은 데에서 읽어도 괜찮겠다.'는 소감을 피력하였는데, 저자는 그 말을 듣고 깜짝 놀랐다. 저자의 저술 의도에는 본래 그런 것도 포함되어 있었기 때문이다. 사실 이 책이 이렇게 작은 판형으로 만들어진 것도 그 의도와 관련이 있다.

새 이름을 달고 나온 이 책을 좋아해주는 독자들이 있었으면 좋겠다. 특히 언론에 종사하는 이들은 이 책을 한 번 보아주었으면 좋겠다. 이 책에서 자잘한 재미와 지식이라도 얻는 독자가 있다면 무척 고맙겠다. 저자의 집필 의도에 공감하는 독자나 전철에서 이 책을 보는 독자의 모습은 그저 꿈으로나 그려본다.

2017년 3월
저자 팽철호 삼가 씀

목차

02
한자의 발음과 관련된 한자어의 오남용

4) 발음과 의미가 유사하거나 관련성 있는 어휘의 혼동

5) 난이도 높은 어휘를 유사한 발음의 다른 어휘로 재구

6) 어휘의 함의를 같은 발음의 다른 한자어가 내포하는 특성으로 오해

7) 두 가지 이상의 발음이 있는 한자의 오독

8) 한자어를 유사하거나 같은 발음과 뜻의 한국어로 착각

04
주로 한자의 뜻과 관련된 한자어의 오남용

06 문법적인 문제가 있는 한자어

1) 동사와 목적어의 어순 전도

2) 동목구조(動目構造)와 수식구조(修飾構造)의 혼동

3) '不'자 기피

4) '무(無)'자 선호

우리말을 훼손하는

한자어의 오용과 남용

01 한자의 형태와 관련된 한자어의 오류

1) 형태가 유사한 다른 글자로 오인

글자의 수가 많은 한자에는 형태가 비슷한 것도 적지 않다. 그래서 주의를 기울이지 않으면 혼동하기 쉬운 것들이 많다. 개중에는 흔히 쓰이지 않는 글자를 그것과 형태가 비슷하면서 상대적으로 사용빈도가 높은 글자로 오인한 것이 유행하여 마치 올바른 것인 것처럼 통용되는 황당한 경우도 있다.

(1) 나재민(羅災民) → 이재민(罹災民)

다음은 인터넷에서 검색한 옛날 신문에 실려 있던 기사들이다.

*(가) **羅災民**救護에 關하여 京城府는 二十日早朝府內公職者二百名에 義捐金募集計劃에 關하여 協議事項이 있다고 通知하고 午後二時부터 公會堂에서 集合協議하기로 決定하였다.*[2]

---

2 동아일보 大正14년(1925년) 7월 22일.

(나) 兒童의 갸륵한 마음 劇收入을 ***羅災民****에*[3]

(다) ***羅災民****(나재민) 深刻(심각)한 食糧難(식량난)에*[4]

(라) 브라질에 熱帶暴風 ***羅災民*** *4萬名 넘어 "20세기 최악의 열대폭풍으로 「브라질」「과나바라」州에서 약2백65명이 목숨을 잃고 4만 명의 이재민을 낸 참사가 벌어졌음에도 불구하고 「리오데자네이로」의 전통어린사육제는 내달 예정대로 진행될 것이라는 소식."[로이터]*[5]

이들은 '재난을 당한 국민'이라는 뜻의 '이재민(罹災民)'의 '이(罹)'자를 그와 형태가 비슷한 '나(羅)'자와 오래 전부터 심심치 않게 혼동하였음을 보여준다. 말은 '이재민'이라고 하고서도 한자는 '羅災民'으로 쓰기도 하고, '罹災民'을 '나재민'으로 읽은 다음 '羅災民'이라고 쓰기도 했던 것 같다. '이(罹)'자와 '나(羅)'자의 형태가 비슷한데다 '이(罹)'자보다 '나(羅)'자의 사용빈도가 높아서 생긴 현상이라고 해야 할 것이다.

(2) 담백(淡白) → 담박(淡泊)

보릿고개의 기억이 생생한 사람들도 아직 많이 생존해 있지만 국민 대부분의 생활수준은 이미 살기 위해서 거친 음식을

---

3 경향신문 1949.02.17.

4 동아일보 1956.03.11.

5 경향신문 1966.01.21. 그런데 같은 날짜 신문 제3면에는 '罹災民에 溫情'이라는 제목도 보인다.

먹는 단계를 넘어선 듯하다. 무병장수를 추구하거나 미각적 쾌감을 얻기 위해서 음식에 열을 내는 것이 어느새 시대의 한 가지 조류가 된 느낌이다. 텔레비전 방송에서도 음식 관련 프로의 비중이 커져가는 분위기다.

필자가 보기에 텔레비전의 음식 관련 프로그램에 출연하는 사람들이 음식의 맛을 평가할 때에 가장 많이 입에 올리는 말은 '담백'인 듯하다. 보통 조미료의 사용을 최대한 억제하고 음식 재료 본래의 맛을 살린 듯한 음식을 먹은 소감으로 '담백'을 말하는 경우가 대부분이지만, 때로는 눈으로 보아도 붉은 색이 여간 진하지 않은 것이 양념깨나 넣었음직한 음식을 먹고서도 '담백'을 외치는 것을 보면 '담백'이라는 말은 어떤 특정한 맛을 지칭하는 것이 아니라 그저 '맛있다'의 색다른 표현인 것처럼 보인다. 양념을 하지 않은 흰죽이 그러하듯이 주로 '조미료 사용을 절제한 재료 그 자체의 맛'을 표현하는 것으로 생각되는 '담백'이라는 단어의 스펙트럼이 엄청나게 확대된 것이다.

《국어대사전》에서는 '담백(淡白)'을 '담박(澹泊, 淡泊)'과 같은 말이라고 하였다. 그리고 '담박'조에는 "① 욕심이 없고 마음이 깨끗함 ② 맛이나 빛이 산뜻함"이라는 해설을 달고 있다.[6] 그렇지만 《한어대사전(漢語大詞典)》[7]과 《일본국어대사전(日本國語大辭

6 《국어대사전》(제3판 1994년 전면개정, 이희승 편저, 민중서림.) 제838쪽 (담백) 및 제837쪽(담박) 참조.

7 漢語大詞典編輯委員會漢語大詞典編纂處, 上海: 漢語大詞典出版社, 1989년 초판, 1994년 제3쇄.

典)》[8]에는 '담박(淡泊)' 또는 '담박(澹泊)'이라는 말만 싣고 있을 뿐 '담백(淡白)'이라는 말은 보이지 않는다.[9]

'담박(淡泊)'과 '담박(澹泊)'은 같은 뜻으로 한국과 중국과 일본에서 공통으로 쓰이고 있다. 그런데 유독 한국에서는 그 말과 같은 뜻을 가진 것으로 간주되는 '담백(淡白)'이라는 말도 함께 쓰일 뿐만 아니라, 우리말에서는 한·중·일 세 나라에서 공통으로 쓰이는 '담박'보다 '담백'의 사용빈도가 더 높다는 사실이 매우 흥미롭다. 누군가 '담박(淡泊)'을 '담백'이라고 잘못 읽었다가 나중에 그 잘못된 발음에 맞추어 '담백(淡白)'이라는 말을 만들어 유통시킨 것은 아닌지 모르겠다.

(3) 덕진풍(德津風) → 덕률풍(德律風)

개화기 때에 전화기를 '덕진풍(德津風)'이라고 부르기도 하였다. 중국에서는 전화기를 '덕률풍(德律風)'이라고 하였는데, 그 중국말 발음은 '떠뤼펑'에 가까우니 영어 '텔레폰(telephone)'을 그

---

8 《日本國語大辭典(縮刷版)》, 日本大辭典刊行會, 日本 東京:小學館, 1980.

9 《中文大辭典》(林尹 · 高明 主編, 臺北:中國文化大學出版部, 1973년 초판 1982년 第6版.)에는 '담백(淡白)'이라는 말을 싣고서 "'담박(淡泊)'과 같은 뜻"이라고 한 것이 있다. 그러나 그 예문은 배꽃의 색깔을 형용하는 것으로 되어 있다. 그 뜻은 《中韓辭典》(高大民族文化研究院 中國語大辭典編纂室, 서울:高麗大學校民族文化研究院, 1989년 초판, 2004년 전면개정 2판 2쇄.) 제408쪽에서 '담박(淡泊)'과 구분되는 '담백(淡白)'의 뜻으로 "엷다, 희미하다"라는 뜻을 붙이고 있는 것과 유사하다. 그런 까닭에 그 '같다'는 말 뜻의 범위가 어디까지인지에 대하여 의문을 가지지 않을 수 없다.

럴듯하게 음역하였다고 할 것이다. 그런데 이것이 우리나라에 들어와서 '덕진풍'으로 둔갑하였다. 누군가 '律(률)'자를 그와 형태가 비슷한 '津(진)'자로 오인하였고 그것이 그대로 굳어진 것이다. '덕진풍'을 중국어 발음으로 하면 '떠찐펑'에 가까운 소리가 되니 엉뚱하기 이를 데 없는 변신이 되어 버린 것이다. '덕률풍(德律風)'을 때로는 '득률풍(得律風)'으로 쓰기도 하는데, 이 경우에도 중국어 발음은 같다. 중국과 문자로만 소통하였지 음성은 고려하지 못했던 시대적 배경이 빚어낸 우스운 언어현상이라고 해야 할 것이다.

(4) 목단(牧丹) → 모란(牡丹)

이희승의 《국어대사전》에는 '모란(牡丹)'과 함께 '목단(牧丹)'이라는 어휘를 싣고, 둘은 같은 뜻이라고 설명하고 있다.[10] 그런데 중국이나 대만에서 나온 한자어 사전과 일본에서 나온 일본어 사전을 보면, '牡丹(모란)'은 등재되어 있으나 '牧丹(목단)'이라는 단어는 실려 있지 않다. 그래서 '목단(牧丹)'이 좀 수상하게 여겨진다. 앞의 경우에 비추어 보면 '牡丹(모란)'의 '牡(모)'를 그와 형태가 유사한 '牧(목)'으로 오인하여 '목단'으로 잘못 읽다가 나중에 '목단'이라는 음가에 맞추어 '牧丹'이라는 말을 만들어낸 것으로 생각된다. 국어사전에서 '牡丹(모단)'을 활음조하여 읽은

---

10 《국어대사전》(제3판 1994년 전면 개정, 이희승 편저, 민중서림.) 제1256쪽(모란) 및 제1272쪽(목단) 참조.

'모란'과 '목단(牧丹)'을 같은 말이며 동시에 맞는 말이라고 인정하는 것은 문제가 있다. '나재민'이 표준어로 인정될 수 없다면, 같은 이치로 '목단'도 인정해서는 안 될 것이다. 다음의 '위적료'도 마찬가지다.

(5) 위적료(慰籍料) → 위자료(慰藉料)

위자료(慰藉料)의 '자(藉)'자는 우리말에서 그리 흔히 쓰이는 한자가 아니다. 이에 비해서 이 글자와 형태가 비슷한 '적(籍)'자는 '호적(戶籍)'이나 '본적(本籍)' 등과 같이 비교적 쓰임새가 많다. 그런 연유로 '위자료(慰藉料)'가 '위적료(慰籍料)로 둔갑하는 기이한 현상이 빚어지기도 한다.

(가) *<**慰籍料**에 관한 硏究>(이○○), <부당해고에 따른 사용자의 불법행위책임에 관한 연구: 벌칙적용 및 **위적료**청구권 중심으로>(현○○), <**慰籍料**算定에 관한 硏究>(이○○), <위적료산정에 있어 고려되어야 할 諸般事情, 民法大講座 <特輯>>(이○○), <離婚等의 **慰籍料**와 財産分與制度>(이○○), <不法行爲로 因한 破害者 의 兄第 의 **위적료**청구권>(전○○)*

(나) *"교통사교 **慰籍料** 必要經費에 산입"-국세청은 교통사고로 인한 **위자료**지급은 고의 또는 중대한 과실이 없는 한 소득금액 계산 때 필요 경비에 산입할 수 있다고 밝혔다.*[11]

---

11 매일경제신문 1980.05.29.

위의 예문들에는 '위자료', '위적료', '慰籍料'의 세 가지가 보인다. '慰藉料'를 '위적료'라고 읽고서는 그것에 맞추어 '慰籍料'라는 한자말을 만들어내는 움직임이 감지되는 것이다.

(6) 호열자(虎列刺) → 호열랄(虎列剌)

40년 전쯤만 해도 콜레라라는 전염병이 자주 창궐하였다. 그때에는 이 병의 치사율이 상당히 높아 이 병이 유행하면 사람들이 두려움에 떨었는데, 당시 이 병을 호열자(虎列刺)라고도 불렀다. 그 무렵 어른들은 '콜레라'라는 말보다 '호열자'라는 말을 더 흔히 사용하였던 것 같다.

그런데 중국에서는 콜레라를 음역하여 '호열랄(虎列剌)'이라고 한다.[12] '호열납(虎列拉)'이라고도 하는데,[13] 중국어 발음은 별 차이가 없다. 그 발음을 우리말로 옮기자면 대략 '후레라'가 된다. '후레라'는 '콜레라'와 발음이 유사한데다 그 뜻에도 '호랑이처럼 무섭다'는 의미가 담겨 있다. 사람들에게 공포감을 심어주기에 족하였던 무서운 전염병 '콜레라'의 중국어 번역어로는 그럴듯하다고 할 수 있다. 만약 이것을 우리처럼 '호열자(虎列刺)'라고 했다면 뜻은 몰라도 발음은 콜레라와 거리가 멀어진다. '후레츠'가 되기 때문이다.

---

12 《中文大辭典》(林尹·高明 主編, 臺北:中國文化大學出版部, 1973년 초판 1982년 第6版.) 제8권 제282쪽 참조.

13 《中韓辭典》(高大民族文化硏究院 中國語大辭典編纂室, 서울:高麗大學校民族文化硏究院, 1989년 초판, 2004년 전면개정 2판 2쇄.) 제795쪽 참조.

이렇게 중국어의 발음에 근거하여 콜레라를 '虎列剌(호열랄)'이라고 해야지 '虎列刺(호열자)'로 표기하는 것은 문제가 있다고 했으나, 일본어 사전에도 '虎列剌(호열랄)'이 등재되어 있고 그 발음이 '콜레라'와 흡사한 '코레라'라는 발음에 가까운 'コレラ'로 표기되어 있는 것을 보면 당초에 콜레라를 '虎列剌(호열랄)'로 먼저 표기했던 것은 중국이 아니라 일본이었을 가능성도 있다.

보아하니 일본이나 중국에서 '虎列剌(호열랄)'이라고 한 것을 그대로 수입해 오면서, 누군가 우리말 한자어에서는 잘 쓰지 않는 '랄(剌)'자를 그보다 흔히 쓰이는 '자(刺)'로 오인하여 '호열자'라고 했던 것이 그대로 굳어진 것이 분명하다.

2) 발음이 같고 형태도 유사한 다른 글자로 착각

(1) 여망(與望) → 여망(輿望)

정치적 성향을 선명하게 드러내는 어느 언론인이 쓴 글 속에 다음과 같은 글귀가 들어 있다.

> *2007년 대통령 선거의 李明博 압승, 2008년 국회의원 선거의 한나라당 압승에 담긴 국민의 **與望(여망)**은 從北척결에 의한 法治와 안보의 확보였다. 李 대통령은 법치와 安保의 기반이 되는 반공자유민주주의 이념의 중요성을 自覺(자각)하지 못하고 오히려 이념을 낡은 것으로 규정, 이념투쟁을 포기한다는 선언을 하고 말았다.*[14]

이 인용문 속의 굵은 글씨로 된 '與望(여망)'은 '輿望(여망)'의 잘못이다. 《중문대사전(中文大辭典)》 같은 큰 사전에서는 '輿(여)' 자는 '무리 중(衆)'자처럼 '여러 사람'이라는 뜻으로도 쓰인다고 해설하고 있다.[15] 거기에 '바라다' 또는 '바람'이라는 뜻을 가진 '望(망)'자를 덧붙인 '여망(輿望)'은 '많은 사람들의 바람'이라는 뜻이라고 풀이하고 있다. 곧 위 인용문의 '與望(여망)'은 '輿望(여망)'으로 고쳐야 문맥이 순조로워지는 것이다.

'輿望(여망)'을 '與望(여망)'으로 쓴 것은 글자의 형태가 매우 유사해서 순간적인 착오에 의한 오류일 수도 있다. 그러나 위의 언론인은 위의 글 이외의 다른 글에서도 '與望(여망)'이라는 말을 사용하고 있는 것으로 보아,[16] 단순 착오가 아니라 그걸 그렇게 알고 있다고 여겨진다. 정치의 장에서 정권을 담당하고 있는 정당을 '여당(與黨)'이라고 하고, 그 여당의 범주에 소속되어 있는 사람을 '여권 인사(與圈 人士)', 또 그 범주에서 실질적인 권력을 장악하고 있는 인물을 '여권 실세(與圈 實勢)' 등으로 부르는 일이 많아 그런 착오를 일으키지 않았나 하고 추측해본다.

3) 글자의 특정 부분에 근거하여 발음 유추

한자 중에는 뜻을 나타내는 형부(形符)와 발음을 나타내는 성부(聲符)가 결합되어 이루어진 형성자(形聲字)가 많이 있다. 그

14 趙○○ 기자 2010.11.14.

15 《中文大辭典》 제8권 1754쪽 참조.

16 뉴데일리 조○○ 기자 2011.06.10.

래서 그런 이치를 유추하면 처음 보는 어려운 글자라도 그 속에 구성 요소로 들어 있는 이미 알고 있는 글자에 근거하여 그 글자의 발음과 뜻을 대충 짐작할 수 있는 경우도 간혹 있다. 그러나 그렇지 않은 경우도 적지 않아 사전이나 자전을 찾아보지 않고 섣불리 판단하면 오류를 범하기도 한다. 개중에는 그 잘못된 것이 많은 사람들에게 올바른 것인 양 받아들여지고 있는 것도 있으므로 세심한 주의를 요한다.

(1) 개준 → 개전(改悛)

간혹 '개전(改悛)'의 '전(悛)'자를 '준'으로 읽는 사람이 있다. 그것은 이 글자와 같은 형태소를 가지고 있는 '俊'·'駿'·'峻' 등이 모두 '준'이라는 발음을 가지고 있기 때문에, 그 형태를 보고 발음을 유추한 결과라고 생각된다.

(2) 병려문 → 변려문(騈儷文)

중국 육조(六朝)시대의 문단에는 유미주의가 성행하였고, 그러한 분위기에 편승하여 '변려문(騈儷文)'이라는 문장이 유행하였다. 마치 말 두 마리가 나란히 달리듯이 두 구씩 짝을 지어가며 문장을 엮어간 탓에 이런 이름이 붙었다. 그리고 그것을 중문학계에서는 '변려문'이라고 읽는다. 그러나 중문학계 이외에서는 그것을 '병려문'이라고 읽는 것이 대세였다. '병려문'은 국어사전에도 당당히 올라 있다. 그러나 이 '騈'자를 중국에서는 'pian'이

라고 읽고, 일본에서는 'べん'으로 읽는다. 중국어 발음은 대략 '피엔'이라고 할 수 있고, 일본어 발음은 '벤'에 가깝다. 모두 우리말 '병'보다는 '변'에 가깝다. 일본어에서는 'n'과 'ng'의 발음이 구분되지 않기 때문에 일본어 발음의 증거능력을 의심할 수도 있으나, 우리말의 '변'에 해당하는 일본어 발음은 '헨' 또는 '벤'에 가깝고, '병'에 해당하는 일본어 발음은 '헤이'나 '뵤'에 가깝게 발음되기 때문에 증거능력에 큰 문제가 있는 것 같지는 않다.

우리나라에서 '騈儷文'을 '병려문'으로 읽은 것은 '騈'자의 글자 형태와 관련이 있을 것이다. '騈'자의 오른쪽에 '幷(병)'자가 있는 것에 착안하여 그 발음을 '병'으로 유추했을 것으로 짐작된다.

(3-1) 안전변 → 안전판(安全瓣)

*(가) 하지만, 알루미늄 케이스를 기본으로 내부의 구성물이 밀봉된 구조로 되어 있어 안정성을 고려해 전압, 리플, 전류 등이 인가되면 커패시터 내부 압력 상승으로 케이스에 설치된 압력 벤트(**안전변**)가 작동되며 내부 구성물이 외부 환경에 노출될 위험성도 갖고 있다.*[17]

*(나) **안전변**이 6k정도에서 터지기 때문에 좀더 고압에서 터지도록 조여서 조정을 했습니다.*[18]

17 헤럴드 생생뉴스 경제 2011.01.10.(머니투데이 경제, EBN 경제, 뉴스타운 경제 등에도 같은 날짜에 유사한 내용이 실려 있음.)

18 네이버 카페.

위 두 인용문의 굵은 글씨체로 표시한 '안전변'은 큰 압력을 감당해야 하는 기계나 장비의 안전을 고려하여 설치한 어떤 장치를 말하는 것이 분명하다. 그렇다면 이 '안전변'은 '안전판(安全瓣)'을 잘못 읽은 것이다. '안전판'은 주로 '증기 기관 내의 압력이 규정된 정도 이상 오르게 되면 밸브가 저절로 열려 압력을 낮추는 안전장치'를 말하는 것인데, 그것에서 유추하여 어떤 조직이나 기관을 위험이나 파멸로부터 안전하게 보호하는 장치를 비유하는 말로 쓰이기도 한다.

'판(瓣)'자는 글자의 가운데에 들어 있는 '오이 과(瓜)'자가 암시하듯이 본래 오이나 참외 같은 열매채소의 씨를 가리키는 말이었는데, 나누어지게 되어 있는 전체의 부분이나 얇은 조각을 나타내는 말로도 쓰이게 되었다. 우리가 쓰는 말 중에 '판(瓣)'자가 들어 있는 것으로는 '여러 조각으로 구성된 꽃의 한 조각'을 말하는 '화판(花瓣)'과 피의 역류를 막는 신체 구조물인 '판막(瓣膜)' 같은 말들이 있다.

그런데 '안전판(安全瓣)'의 '판(瓣)'자와 비슷하게 생긴 '말 잘할 변(辯)' '분별할 변(辨)'자가 유사한 형태를 가지면서 공히 '변'이라는 발음을 가지는 것에 착안하여, 흔히 쓰이지 않아 난이도가 높은 '판(瓣)'자의 발음을 '변'으로 유추하는 사람이 더러 있었고, 그것이 많은 사람들에게 받아들여져 지금도 적지 않은 사람들이 '안전판'을 '안전변'으로 잘못 말하게 되었을 것이다.

물론 일본어에서 비슷하게 생긴 글자들로서 '辨·辯·辮' 등 '변'으로 읽히는 글자들과 '瓣·辦'과 같이 '판'으로 읽히는 글자들을 일괄적으로 '변'이라는 음가를 가진 약자 '弁'으로 표기하는 것을 맹목적으로 수용한 결과일 가능성도 배제할 수 없다.

(3-2) 감압변 → 감압판(減壓瓣)

*(가) 취·정수장, 배수지의 청소실시 및 소독강화로 맑고 깨끗한 물 공급에 만전을 기하며 가압장·**감압변** 등 공급수압 가감시설에 대한 세부 점검도 실시, 안정적인 급수를 제공할 예정이다.*[19]

*(나) (영동)군은 지난달 29일 양강면 지역에 대한 가동시험을 실시해 괴목, 양정, 죽촌, 남전리에 위치한 소규모 가압장 4개소를 폐쇄하고, **감압변**을 6개소에 설치해 현재까지 시험가동 중에 있으며, 수압조정 후 8월중 정상 가동에 들어갈 계획이다.*[20]

'안전판'의 경우와 같이 위의 두 인용문의 굵은 글씨로 표시한 '감압변'도 '감압판(減壓瓣)'을 잘못 읽은 것이다. '압력을 줄이는 역할을 하는 얇은 구조물'이라는 뜻의 '감압판'이 '감압변'으로 오인되어 널리 통용되게 된 연유는 위 안전판(安全瓣)의 경우와 같다.

---

19 뉴시스 이○○ 기자 2011.08.25.

20 충청일보 박○○ 기자 2010.08.09.

02

한자의 발음과 관련된 한자어의 오남용

한자는 그 수에 비하여 발음되는 음절의 수가 현저히 적으므로 자연히 같거나 유사한 발음을 가진 글자가 많을 수밖에 없다. 거기에 더하여 비슷하거나 유사한 발음에 뜻도 비슷한 경우가 적지 않으니, 통용되는 한자어의 발음을 잘못 알고 있는 경우가 적지 않게 생기게 된다.

잘못된 발음으로 유통되는 한자어는 그 원인과 이유에 따라 여러 가지로 분류될 수 있다. 어휘의 뜻과는 무관하지만 발음이 유사한 다른 어휘로 이해되어 쓰이는 경우가 있는가 하면, 그러한 발음의 다른 어휘가 없는 유사 발음으로 이해되어 유통되는 것도 있다. 가장 흔한 경우는 의미상 약간의 관련성이 있으며 발음이 유사한 어휘와 혼동하는 것이다. 이와 유사한 것으로서 발음과 의미가 유사하거나 관련성 있는 어휘를 혼동하는 경우도 있다. 그 밖에도 난이도 높은 어휘를 유사한 발음의 어휘로 재구성하는 경우, 사용 빈도가 낮은 발음의 어휘를 빈도가 높은 발음으로 오해하는 경우, 어휘가 특정하는 내용을 유사한 발음의 다른 특성으로 오해한 경우, 두 가지 이상의 발음이 있는 어휘를 오독하는 경우, 한자어를 같은 발음의 다른 한국어로 착각하는 경우 등도 있다. 간혹 순수 한국어를 섞어 쓴 어색한 한자어가 발견되기도 한다.

1) 뜻은 무관하나 발음이 유사한 다른 말로 오해

본래의 뜻과 거리가 먼 유사한 발음의 다른 어휘로 잘못 사용되는 한자어들도 있다. 이들을 보면 어떤 사람들은 얼마간의 난이도가 있는 어휘를 그보다 흔히 사용되는 다른 어휘의 발음으로 착각하여 사용하기도 한다는 것을 알 수 있다.

(1) 가게부 → 가계부(家計簿)

(가) 이들은 '블랙프라이데이' 특수로 산업자본가들의 장부에는 검은 잉크가 새겨지겠지만, 수많은 소비자들의 ***가계부****에는 대신 붉은색 잉크만 뒤덮히고 말 것이라고 주장합니다.*[21]

(나) 윤유선(윤유선 분)은 ***가계부****를 쓰며 몇 푼 안 남은 생활비를 보고 한숨을 내쉬었다.*[22]

(다) 실속파들은 소셜커머스 할인쿠폰을 제대로 사용하며 알뜰하게 ***가계부****를 꾸려나가고 있다.*[23]

(라) 앱스토어 국내 어플 중에서 여성들에게 인기가 높은 어플로는 ***가계부****와 다이어트 어플이다. 이들 어플은 국내 무료 어플 100*

---

21 sbs 임○○ 기자 2011.11.28.

22 뉴스엔 장○○ 기자 2011.10.13.

23 이코노믹 리뷰 2011.08.29.

*위 안에 당당히 이름을 올리고 있다. 올해 8월에 등록된 모네타 미니**가게부**는 PC용 **가계부**와 실시간 연동이 되고 자투리 시간 운동법을 제공하는 짬짬이운동도 인기를 끌며 100위안에 랭크 됐다.*[24]

위의 인용문들에서 굵은 글씨체로 표시한 '가게부'는 모두 '가계부(家計簿)'의 잘못이다. 문맥상 각 인용문의 '가게부'라는 말에 들어 있어야 할 뜻이 '가정생활에서의 수입과 지출 등 생계비를 기록하는 장부'이기 때문이다.

이 항목에서는 유독 예를 많이 들었듯이 '가계부'를 '가게부'로 잘못 표기하는 예를 매우 흔하게 볼 수 있다. 그런 까닭에 '가계부'와 '가게부'가 뒤섞여 있는 (라)의 경우를 제외하고는 '가계'가 단순한 착오에 의해서 유사한 발음의 '가게'로 오기되었다고 보기 어렵다. '살림을 꾸림'이라는 뜻을 가진 한자어 '가계(家計)'가 '상점(商店)'의 순수한 우리말인 '가게'로 오인된 것은 가게가 가정의 수입 및 지출과 밀접한 관련이 있기 때문인지도 모를 일이다.

(2) (위안화)결재 → (위안화) 결제(決濟)

*북한에서 북한돈이 홀대받고 있다. ……장마당에서 이뤄지는 거래의 상당부분이 위안화로 **결재**되고 있다는 얘기다.*[25]

---

24 머니투데이 고○○ 기자 2011.08.31.

25 온라인 중앙일보 김○○ 기자 2011.09.23.

위의 경우 '결재'는 문맥상 '물건을 받고 그에 대한 대가로 돈을 치름으로써 거래관계를 종료한다'는 뜻으로 사용된 것이 분명하다. 그렇다면 이 경우에는 마땅히 '결제(決濟)'로 썼어야 했다. '결재'라는 말 중에 흔히 쓰이는 것은 '결재(決裁)'로서 '부하가 제출한 안건을 상관이 살펴보고 승인하다'라는 뜻이다. '제'와 '재'의 경우 발음이 유사하여 생긴 오류인데, 일부 지역 출신자들은 이들을 구분하기 매우 어렵다. 따라서 한자의 본래 발음을 따지지 않고 들리는 소리에만 의존하여 어휘를 익힐 경우 잘못을 범할 가능성이 매우 크다.

(3) 모기버섯 → 목이(木耳)버섯

인터넷상에 떠도는 글에서는 뜻은 전혀 관계없는데도 그것과 유사한 발음의 다른 어휘로 이해하여 사용하고 있는 경우를 간혹 볼 수 있다. '목이버섯'을 '모기버섯'이라고 하는 것이 이에 해당한다.

*(가) **모기버섯**을 사용하는 음식과 그 음식을 어떻게 만드는지 방법을 가르쳐주세요.*[26]

*(나) 표고버섯 송이버섯 **모기버섯** 등이 있습니다.*[27]

---

26 네이버 지식 in <모기버섯 요리하는 법> 2006.04.29.

27 네이버 지식 in 2010.08.29.

겨울철에 뽕나무나 말오줌나무 등의 죽은 나무에서 자라는 것으로서 그 형상이 사람의 귀를 닮았다 하여 '나무의 귀'라는 뜻을 가진 '목이(木耳)버섯'을 연음된 상태로 받아들인 것이다. 그렇게 생각하는 사람들이 적지 않은 듯한데, 남이 볼 수 있는 공개된 곳에서 이런 글을 쓴다는 것은 문제가 있다고 하지 않을 수 없다. 적어도 공개적인 글을 쓸 때에는 조금이라도 미심쩍은 부분이 있으면 사전을 한 번 뒤적여보아야 할 것이다. 사전 찾기를 귀찮아하지 않는다면 한자어를 잘못 쓰는 일은 대폭 줄어들게 될 것이다.

(4) 비유가 상하다 → 비위(脾胃)가 상하다

'비위가 상하다'의 '비위'를 '비유'라고 하는 것도 위의 '목이버섯'의 경우와 같은 유형에 해당한다.

> *판매 관계자분들이 이말 들으면 좀 **비유**가 상하실 수도 있고, 또 유저중에서도 해외구매는 **A/S**문제가 있다고 말씀하실 수도 있으나 마음 편하게……*[28]

'비위가 상하다'의 '비위(脾胃)'는 신체의 장기 중에서 소화를 담당하는 비장(脾臟)과 위장(胃臟)을 함께 일컫는 말이다. 비위가 소화를 담당하는 만큼 음식의 맛에 대한 호오를 판단하는 기능

28 네이버 카페 2011.01.06.

을 가진다고 생각하여, 음식이 입맛에 맞지 않을 경우 '음식이 비위에 맞지 않는다'고 하는 것이다. 여기서 의미가 확장되어 '어떤 사물이나 사태에 대하여 좋고 나쁨을 분간하는 기분'을 뜻하기도 하는 것인데, 이를 잘못 이해하여 '비유'라고 했던 것이다.

2) 의미와는 관계없이 유사 발음으로 오인

일정한 난이도가 있는 한자어를 잘못 이해하여 엉뚱한 말로 만들어 사용하는 경우가 더러 보인다. 이러한 오류들이 앞의 '뜻은 무관하나 발음이 유사한 다른 말로 오해'한 경우와 차이가 나는 것은 그런 발음으로 사용되는 널리 알려진 어휘가 없다는 점이다.

(1) 강팍 → 강퍅(剛愎)

하지만 정작 우리는 어떤가? 우리는 백인에게 관대하고 흑인에게는 ***강팍하다.***[29]

이 예문에서의 '강팍'은 '고집이 세어 남의 말을 잘 듣지 않는다'라는 뜻의 '강퍅(剛愎)'을 대충 들리는 대로 짐작하여 '강팍'이라고 발음한 것으로 생각된다. '퍅(愎)'이라는 글자가 흔히 쓰이지 않고 발음도 괴상하게 들리기 때문에 그렇게 말할 가능성이

---

29 CBS 노컷뉴스 박○○의 시사터치 "'한국의 오바마' 기대한다" 2008.11.07.

높다. 그렇지만 국어사전에서는 '강퍅'만 옳은 발음으로 간주하고 '강팍'은 틀린 것으로 치고 있다. 재미있는 것은 '성미가 괴상하여 붙임성이 없는 것'을 나타내는 말로서 '괴퍅(乖愎)'이라는 단어를 올려놓고서 '괴팍'과 같은 말이라고 하고 있다는 것이다. '괴팍'에는 한자를 부기하지 않았지만, '강퍅(剛愎)'의 '퍅(愎)'과 같은 뜻으로 쓰인 '愎'자를 '팍'으로 읽은 것이 분명하다. '剛愎'의 경우에 인정하지 않았던 '팍'이라는 발음이 '乖愎'의 경우에는 적용될 수 있다는 판단이 무엇에 근거했는지 궁금할 뿐이다.

(2) 나침판 → 나침반(羅針盤)

*(가) 불과 D-3를 남긴 4·27재보선 승패에 따라 여야에 쓰나미급 후폭풍이 예견되고 있다. 이번 선거가 내년 4·11총선-차기대선 '**나침판**'인 탓이다. 규모·관심도는 '미니멈급'이나 의미는 '메가톤급' 함의를 띤 채 여야가 사활을 거는 배경이다.*[30]

*(나) 김선규 사장은 인사말을 통해 "많은 어려움 속에서도 회사를 잘 이끌어 오신 주택업체 경영자 분들께 경의를 표한다."며, "고객의 의견이야말로 회사가 나아가야할 방향을 제시해주는 **나침판**임을 인식하고 앞으로도 고객이 필요로 하는 신상품 개발, 서비스 개선 등의 제도개선을 통해 업계 발전을 위한 지속적인 노력을 경주하겠다."고 말했다.*[31]

'나침반(羅針盤)'을 '나침판'으로 잘못 읽은 것이다.

---

30 ⓒ 브레이크뉴스 2011.04.24.

31 한국주택신문 윤○○ 기자 2012.04.24.

(3) 삼오제 → 삼우제(三虞祭)

(가) 노무현 전 대통령의 발인이 오는 29일 오전 6시에 거행된다. 또 영결식은 경복궁 앞뜰에서 같은날 오전 11시로 잠정 결론지어 졌으며 서울광장에서 ***삼오제****를 할 예정이다.*[32]

*(나) 유족들은 지난 1일 이 사찰에서 '****삼오제****'를 지냈으며, 수목장 전까지 이 곳에 고인을 모시기로 했다.*[33]

(가)와 (나)의 '삼오제'는 '삼우제(三虞祭)'의 잘못이다. 장사(葬事)를 치른 뒤 처음 지내는 제사를 '초우(初虞)'라고 하고 두 번째 지내는 제사를 '재우(再虞)'라고 한다. 그리고 세 번째 지내는 제사가 바로 '삼우(三虞)' 또는 '삼우제(三虞祭)'다. 그러므로 '삼오제'는 발음이 비슷한 '삼우제'의 잘못임을 알 수 있다.

(4) 장진 → 장전(裝塡)

(가) 필터도 없는 화랑 담배였지만 야외 교장에서 '10분간 휴식' 시간에 교관이 "담배 일발 ***장진****"하면 피교육자들은 주머니에서 담배를 꺼내 물고 "점화"하면 라이터나 성냥으로 불을 붙였다.*[34]

(나) 이○○는 지난 3일 오후 1시께 자신의 트위터에 "잡겠다는 물가는 팔팔하게 살아서 길길이 치솟고, 살리겠다는 경제는 시름시름 죽어서 싸늘하게 식어갑니다. 독설 일발 ***장진****할까 하다가 포기해 버렸습니다. 구제역으로 살처분한 쇠 귀에 마태복음을*

---

32 마이데일리 윤○○ 기자 2009.05.25.

33 충청투데이 이○○ 기자 2012.04.02.

34 오마이뉴스 박○ 기자 2003.08.25.

읽어 주는 격일 테니까요"라며 정부를 비판했다.[35]

(가)에 보이는 '담배 일발 장진'이라는 말은 병역을 마친 남성이라면 거의 한 번 이상 들어본 말일 것이다. (나)의 '독설 일발 장진'은 (가)의 '담배 일발 장진'을 응용한 문구다. 문제는 굵은 글씨체로 표시한 '장진'이라는 말이다.

총을 쏘기 위해서 총에다 총알 하나를 재는 것을 군대에서는 흔히 '실탄 일발 장전'이라고 한다. 이때의 '장전'은 한자로 '차릴 장(裝)'자와 '메울 전(塡)'자를 쓴다. 그런데 '메울 전(塡)'자는 다소 어려운 한자로서 그다지 흔히 쓰이는 것이 아니다. 그래서인지 이 '장전'을 '장진'으로 잘못 알아듣는 사람들이 많다. 아마도 '실탄 일발 장전'이라고 하는 사람보다 '실탄 일발 장진'이라고 하는 사람들이 더 많을 것이다. 급기야 담배를 피우기 위해 담배 한 개비를 입에 무는 것도 그것을 본떠 '담배 일발 장진'이라고 하게 되었는데, 이 말은 마치 군대의 전문용어처럼 흔히 쓰인다. 재미있는 것은 인용문 (나)의 주인공은 매우 유명한 작가라는 사실인데, 작가가 일반 독자들의 눈높이에 맞추기 위해서 일부러 그런 말을 썼는지도 모르겠다. 그렇지 않다면 작가조차도 범하기 쉬운 매우 흔한 잘못이라고 이해할 수 있는 근거가 될 수 있을 것이다. 그렇지만 틀린 것은 틀림없다.

'메울 전(塡)'자가 흔히 쓰이지 않는 한자라고 했지만, 그것이

35 파이낸셜뉴스 성○○ 기자 2011.03.04.

한자로 드러나는 경우가 적을 뿐이지 일상에서는 흔히 쓰이고 있다. '가스 충전'의 '충전'이 그것이다. 그런데 '충전'이라고 하면 통상 '찰 충(充)'자와 '번개 전(電)'자를 쓰는 '충전(充電)' 곧 전기를 채우는 일을 생각한다. 그래서 '에너지를 충전(充電)하다'라는 어색한 표현도 발견된다.[36] 요즈음에는 한자를 노출시키는 경우가 적어서 그렇지, 만약 한자를 쓰게 한다면 이렇게 쓰는 경우가 적지 않을 것이다. 우리말의 환경에서 '메울 전(塡)'자를 떠올리며 정확하게 쓰는 것은 쉽지 않은 것인지도 모르겠다.

(5) 희얀 → 희한(稀罕)

어린 시절 사진이어서 재밌게 넘겨보던 중 유난히 눈에 띄는 사진을 발견했다. 다름 아닌 남편의 과거 애인 사진이었다. 보는 순간 기분이 썩 좋진 않았지만 '과거는 과거일 뿐'이라고 생각했다. 근데 ***희얀하게도*** *외모뿐 아니라 옷 입는 스타일까지도 자신의 어린 시절과 흡사해 놀라지 않을 수 없었다.*[37]

위 예문에 보이는 '희얀하게도'의 '희얀'은 '드물다'는 뜻의 '희(稀)'자와 '한(罕)'자가 결합하여 일상적인 것과는 매우 다른 특이한 사물이나 사태를 형용하는 '희한(稀罕)하다'라는 말을 대충 들리는 대로 표기한 것이다.

---

36 1983년 1월 25일자 경향신문에는 '웃음 정신에너지를 充電한다'라는 기사 제목이 보인다.

37 아시아경제 온라인 이슈팀 2011.07.02.

'보끌복'으로 흔히 쓰였으나 어느 인기 방송 프로그램 덕분에 바로잡아졌던 '복불복(福不福)', '독야청정(獨也靑靑)'을 '독약청청'으로 말하는 것 등도 이러한 범주에 드는 한자어 오용 사례라고 할 것이다. 표준말로 등록되어 있는 '미루나무'도 사실은 '미류(美柳)나무'가 와전된 것이다. 하도 널리 쓰이다 보니 그대로 표준어로 받아들였을 것이다. '복불복'의 경우는 대중에 대한 영향력이 큰 매체는 우리말을 아름답고 올바르게 가꾸는 데에도 유용한 도구가 될 수 있음을 암시한다.

3) 의미상 약간의 관련성이 있고 발음도 유사한 어휘와 혼동

특정 어휘와 발음이 유사할 뿐만 아니라 그 뜻도 약간 관련이 있는 어휘가 존재할 경우, 그 특정 어휘를 그것과 혼동할 가능성이 높다. 실제로 그러한 경우가 심심치 않게 발견된다.

(1) (국회의원) 당첨(當籤) → (국회의원) 당선(當選)

*국회의원 **당첨**자 발표가 어제 있었다. 언론에서는 "우리 국민의 절묘한 선택"이라는 심층 어구를 선택하면서 여야의 의석을 비교 분석하고 왜 결과가 이케 나왔나를 다각도로 분석하는데……*[38]

'당선(當選)'이라고 써야 할 말을 '당첨(當籤)'이라고 한 것이다. '당선'이나 '당첨'은 모두 소망하는 것을 얻거나 이루게 되는 것

38 네이버 블로그 2008.04.10.

을 나타내는 공통성이 있을 뿐만 아니라, 그 발음도 상당히 유사하기 때문에 이런 경우가 생기는 것으로 생각된다. 그러나 '당선'은 의지를 가진 행위자가 선택하는 것이고, '당첨'은 무작위로 선정된다는 점에서 그 용법이 다르지 않을 수 없다.

(2) 도퇴 → 도태(淘汰)

*(가) 한국 '희토류 전쟁'에서 **도퇴**되나...*[39]

*(나) 안 교수는 또 '과거에 안주하거나 권위적인 자세에서 벗어나지 않으면 우리는 경쟁사회에서 **도퇴** 할 수 밖에 없다면서 경희대학교 사회교육원의 교수라는 자부심과 함께 사명감을 가지고 항상 자기 자신을 연구 개발하는 경희대학교 교수들이 되어달라고 당부했다.*[40]

*(다) 2010년 현대車 생존·**도퇴** 가능성 2위*[41]

*(라) 송 의원은 "막대한 비용을 들여 양성한 숙련급 조종사들이 해마다 100여명 이상 민간항공으로 이직하고 있는 것은 분명한 문제이기에 대책을 세워야 한다"면서 "공군은 현재 조종사 충원율이 99.2%에 달해 조종사 부족현상이 없다고 하지만 노후 항공기의 **도퇴** 시기 연장 및 신규 항공기 도입 계획 등과 면밀히 따져봐야 한다"고 말했다.*[42]

---

39 THE KOREA TIMES(한국어 번역) 2012.04.08.

40 뉴스타운 고○○ 기자 2012.01.30.

41 한국일보 정○○ 기자 2003.09.21.

42 뉴시스 오○○ 기자 2011.11.09.

위 (가)에서 (라)에 이르는 인용문에 공통으로 보이는 말로서 굵은 글씨체로 표시한 '도퇴'라는 말은 민중서관의《국어대사전》이나 국립국어원의《표준국어대사전》에는 실려 있지 않다. 그런 면에서 이 말은 올바른 우리말로 인정되지 않을 가능성이 높다. 그런데 '도퇴'라는 말이 쓰인 문맥을 살펴보면 그 뜻은 '어떤 환경이나 조건 또는 경쟁에서 견디지 못하고 사라지는 것'임을 알 수 있다. 그렇다면 이 '도퇴'는 본래 '물에 일어서 필요한 알맹이만 남기고 쓸데없는 이물질을 없앤다'라는 본래의 뜻에서 출발하여 '쓸데없는 것이 줄어 없어지거나 쓸데없는 것을 줄여 없애는 것'을 뜻하는 '도태(淘汰)'라는 말이 잘못 쓰인 것이 분명하다. '도태'의 '태'자가 들어가는 말이 드문데다 '퇴보'니 '퇴조'니 하여 좋지 않은 상황을 나타내는 말 속에 '퇴'자가 흔히 들어가는 상황을 유추하여 '도태'를 '도퇴'로 오인하였을 가능성이 크다. 그런데 다음과 같은 예문에 들어 있는 '도퇴'는 좀 다른 분위기를 가지고 있다.

(마) 프로야구 선수협 회장으로 뽑힌 박재홍은 "선수협회는 2000년도에 만들어져 발전과 ***도퇴****를 겪었다."*[43]

이 (마)에 쓰인 '도퇴'는 '도태'가 잘못 쓰인 일반적인 경우와는 달리 '발전'과 상대되는 개념으로 쓰였다. '발전'과 상대되는 개념이라면 '쇠퇴'정도가 될 것이다. 그러나 여기서는 그것을

43 마이데일리 윤○○ 기자 2011.12.09.

'도퇴'라고 하였다. 그런데 중국어에서는 '퇴보(退步)'와 유사한 개념으로 '도퇴(倒退)'라는 말을 흔히 쓴다. 여기서 이 글을 쓴 사람은 '도태'를 '도퇴'로 오인하여 쓴 것인지, 아니면 중국어에서 쓰는 말을 가져다 쓴 것인지 궁금해진다.

전자의 경우라면 단순한 오인으로 별 문제가 되지 않겠지만, 후자의 경우라면 우리말의 장래로 보아 심상치 않은 징조다. 우리말이 오랫동안 한자말의 영향을 받아오다 일제 강점시대에는 일본어의 간섭을 적지 않게 받았고, 그 다음에는 영어의 무지막지한 공격을 받고 있는데, 최근에는 또 일부 친중파의 득세로 중국어식 한자말이나 고난도의 한자성어가 무분별하게 도입되는 기미가 엿보이기 때문이다. 온갖 외래어에 만신창이가 된 우리말이 또 한 번 중국어에 휘둘릴 위기에 직면하고 있다는 필자의 우려가 기우로 끝났으면 하는 바람이다.

(3) 산수갑산 → 삼수갑산(三水甲山)

*(가) 하지만 백도 이제는 내친 걸음, 나중에 **산수갑산**에 갈 망정 백 24, 26으로 일단 실리부터 챙겼는데 과연 백 대마가 무사할까.*[44]

*(나) **산수갑산**을 가더라도 일단 먹고 보는 것이 인간사이며, 내일 당장 망하더라도 오늘 일단 살고 보는 것이 최선의 대응이다.*[45]

---

44 인터넷한국일보 박○○ 객원기자 2011.01.10.

45 아시아경제 홍○○의 마켓매버릭 2010.07.05.

위 두 인용문에서 '산수갑산에 가다'라는 말은 모두 '최악의 상황에 부닥친다'라는 뜻으로 쓰였음이 틀림없다. 그러나 우리 말에서 최악의 상황을 설정할 때에는 흔히 '삼수갑산에 가다'라고 한다. 조선시대의 유명한 귀양지로서 옛날 우리나라에서 가장 험한 산골로 여겨지던 함경남도의 삼수군(三水郡)과 갑산군(甲山郡)을 함께 일컫는 말이 바로 '삼수갑산'이기 때문이다. 우리나라에서 최악의 거주환경이라는 뜻일 것이다. 그 내막을 모르는 사람이 '삼수갑산'의 '삼수'를 자신이 익히 알고 있는 말이면서 유사한 발음을 가진 '산수'로 오해한 결과 위 예문들과 같은 문장이 만들어졌을 것이다. '산수화(山水畵)'니 '산수시(山水詩)'니 하는 말로 쓰이면서 일반적으로 편안함을 연상시키는 '산수'로서는 억울한 대접을 받은 것이 아닐 수 없다.

(4) (장학금) 의탁(依託) → (장학금) 기탁(寄託)

두 사람은 지난 1월에도 거액을 기부해 형편이 어려운 학생들을 도와왔다. 지난 1월에도 두 사람은 각각 모교 대학에 수십억 원의 장학금을 ***의탁****, 형편이 어려운 학생들이 돈 걱정 하지 않고 공부를 할 수 있게 도운 바 있다.*[46]

'기댈 의(依)'자와 '맡길 탁(託 또는 托)'자로 이루어진 '의탁'은 "어떤 것에 몸이나 마음을 의지하여 맡김"[47]이라는 뜻을 나타내

46 서울신문 나우뉴스 강○○기자 2011.06.11.

47 국립국어원《표준국어대사전》

는 말이다. 그런데 위 인용문에서 '의탁'이라는 말은 누군가 자신의 몸과 마음을 맡기는 것이 아니라 돈을 맡기는 것을 표현하려고 한 것이다. 곧 '의탁'이라는 말이 적절하게 쓰이지 않았다. 이 '의탁'은 '무언가를 부탁하여 맡겨둠'이라는 뜻을 나타내는 '기탁(寄託)'이라는 말로 바꾸어야 문맥이 순조로워지게 될 것이다.

(5) 장해인 → 장애인(障碍人)

*(가) 근로복지공단은 산업재해 **장해인**에게 창업점포를 임차, 지원하기로 하고 지원 신청자를 모집한다고 30일 밝혔다.*[48]

*(나) 근로복지공단(이사장 신영철)은 산업재해로 인한 **장해**로 재취업이 어렵고 담보·신용 등 경제력이 부족한 산재 **장해인**에게 창업점포를 임차·지원함으로써 직업복귀 촉진 및 경제적 자립기반 마련을 돕고자 창업점포 지원 신청자를 모집한다. 선발대상은 산업재해보상보험법에 의한 **장해등급**을 받고 직업훈련, 자격증 또는 2년 이상 종사한 업종과 관련 업종으로 창업점포 지원을 희망하는 **산재장해인**이다.*[49]

'장애(障碍)'라고 해야 할 것을 '장해(障害)'라고 한 것인데, 위와 같은 예문으로 보아 상당히 많은 사람들이 이렇게 잘못 쓰고 있는 것으로 추정된다. 실제로 시중의 국어사전에 등재되어

48 파이낸셜뉴스 2011.01.30.

49 공감코리아 2011.01.31.

있는 이 두 단어에 대한 해설을 보면 '장애'는 '막아서 거치적거림'이라고 하였고, '장해'는 '거리껴서 해가 됨'이라고 하고 있어서 두 어휘의 뜻이 상당히 유사하다. '막다'라는 뜻을 가진 '장(障)'자가 공통으로 들어 있기 때문일 것이다. 그러나 '장애'는 '행동이 여의치 않은 불편한 상태'를 말할 뿐이지만, '장해'는 '불편을 끼쳐 좋지 않은 일이 생기게 되는' 변화의 과정을 포함한다. 말하자면 어떤 사람이 어떤 연유로 '장해'를 입어 행동이 불편한 '장애인'이 되는 것이다. 뜻도 비슷하고 발음도 비슷하여 세심하게 주의를 기울이지 않으면 틀리기 쉬운 경우라고 하겠다.

(6) 비행기 조정 → 비행기 조종(操縱)

*(가) 영화배우 이화선이 연예인 최초로 경비행기 조종사 자격증을 따 화제가 되고 있다. …… 이화선은 2010년 경기국제항공전 홍보대사로 활동한 것을 계기로 해서 경비행기 **조정**에 관심을 갖기 시작해 자격증 시험까지 도전했다고 한다.*[50]

*(나) 미래에 등장할 하이브리드카 혼다 AC-X는 장거리 주행에 최적화된 컨셉트카다. 실내에는 **비행기 조정석**을 연상시키는 두 개의 레버가 스티어링 휠을 대신한다. 파워트레인은 1.6ℓ 엔진과 전기모터를 결합해 163마력의 최고출력을 발휘한다.*[51]

(다) "간단한 점심과 간식거리를 챙겨들고 오면 아이들은 신나게 뛰

50 경기북부일보 강○○ 인턴기자 2011.05.02.

51 데일리카/OSEN 정○○ 기자 2011.12.05.

어다니고 아빠와 야구도 하고 ***무선조정비행기****를 날리는 사람들을 구경하느라 시간가는 줄 몰라요. 봄에는 유채와 꽃잔디, 여름에는 연꽃, 가을에는 코스모스가 피어 너무 아름다워요."*[52]

(라) 미국 오스틴에 소재한 정보회사 스트랏포는 트위터 아이디 @stratfor를 통해 "김정은의 고모부인 장성택이 연막 뒤에 숨은 실세로 활동하며 정은을 ***조정****할 것"이라고 분석했다.*[53]

(가)와 (나)의 '조정'은 비행기가 움직이도록 조작하는 행위를 나타내고, (다)의 '조정'은 장난감 비행기를 움직이는 것을 나타낸다. 그리고 (라)의 '조정'은 사람을 움직이는 것을 나타내고 있다. 그러나 이런 경우에는 '조정'이 아니라 '잡을 조(操)'자와 '놓을 종(縱)'자로 이루어진 '조종(操縱)'이라는 말을 쓰는 것이 옳다. '무언가를 잡았다가 놓았다가 하는 행위를 마음대로 하는 것'에서 '무언가를 장악하고 통제한다'는 의미가 파생되고 그 의미를 활용하여 '기계나 사람을 마음대로 움직인다'는 뜻으로 쓰게 된 것이 위 인용문들의 '조정'의 자리에 쓰여야 할 '조종'인 것이다.

여러 가지 '조정'이라는 말 중에서 '조종'과 혼동할 만한 말은 '조정(調整)' 정도일 것이라고 생각된다. 그런데 이 '조정(調整)'은 '무언가를 손을 보아 그것이 필요한 상황에 적합하게 하다'라는 뜻이다. 그렇다면 '무언가에 작위를 가한다'는 '조정'과 '조종' 간

---

52 naeil.com 장○○ 리포터 2011.10.21.

53 매일경제 MK뉴스 황○○ 기자·김○○ 기자 2011.12.19.

의 약간의 공통점과 발음의 유사함이 '조종'과 '조정'을 혼동하게 한 요소일 것이다.

(7) 태국기 → 태극기(太極旗)

> *이 장관은 지난 28일 자신의 트위터에 "민호(아들)야 내일 3.1절이다. 또* ***태국기*** *오후에 달고 망신 당하지 말고 일어나자마자 달아라.* ***태국기*** *달아놓고 다시 잠자라"라는 글을 게재해 누리꾼들의 질타를 받았다.*[54]

정권의 실세 중의 한 사람으로 알려져 있는 이 모 장관이 트위터에 올린 글 속에 '태극기'를 '태국기'로 잘못 표기하였다가 누리꾼들로부터 거친 항의를 받았는데, '태국기는 어느 나라 국기?' 또는 '태국 가서 국기 달고 오세요' 등의 비아냥거림을 받는 등 크게 곤욕을 치렀다. 장관쯤 되는 사람이 저지른 실수라 비난이 거셀 수밖에 없었지만, 특정 발음이 잘 구분되지 않는 지역 출신의 사람이 정확하게 확인하지 않고 잔머리를 굴려 이해를 하는 경우 범하기 쉬운 오류다. 태극기가 우리나라의 국기이기 때문에 그 '국기'에다 '태'자를 붙여 그 위세를 돋보이게 한 것일 거라고 유추할 만한 공간은 있기 때문이다. 그러나 그래도 장관을 할 만한 역량이 있다는 사람이 그 나이 되도록 '태극기'를 '태국기'로 알고 있었다는 것은 예사 문제가 아니다.

---

54 이데일리 김○○ 리포터 2011.03.02.

4) 발음과 의미가 유사하거나 관련성 있는 어휘의 혼동

한자의 수가 워낙 많다 보니 발음과 뜻이 동시에 유사한 경우도 적지 않다. 그 결과 발음과 뜻이 비슷하지만 본질적으로 다른 한자어가 구성될 가능성도 그만큼 커지게 된다. 보통 사람들이 그런 한자어를 정확하게 구분하여 사용한다는 것은 매우 어려운 일이 아닐 수 없다. 그렇지만 정확한 언어생활을 위해서는 그러한 것들을 섬세하게 구분하는 데에 노력을 기울이지 않으면 안 될 것이다. 사전 뒤지기를 게을리하지 않는 것도 한 가지 방법이다.

(1) 갈취(喝取) → 편취(騙取)

*"인터넷채팅 여성행세, 성매매 미끼로 수천만원 **갈취** '340명 중 6명만 신고'" : 서울 금천경찰서는 지난 2008년부터 인터넷채팅에서 여성행세를 하며 340여명으로부터 6,400여만원을 **갈취**한 윤모(29)씨를 사기 혐의로 구속했다. 경찰에 따르면 윤씨는 지난 2008년 9월부터 최근까지 인터넷채팅에서 여성행세를 해왔다. 윤씨는 아내와 처형 명의로 인터넷채팅 사이트에 가입한 뒤 남성들에게 성매매를 하겠다고 속이며 돈을 받아낸 혐의를 받고 있다.*[55]

문맥상 위 인용문 중의 굵은 글씨체로 표시한 '갈취'는 '위협하다'라는 뜻도 있는 '꾸짖을 갈(喝)'자와 '빼앗다'라는 뜻이 있는 '취할 취(取)'자로 이루어진 말이다. 그래서 '갈취(喝取)'는 '으름장

55 뉴스엔 김○○ 기자 2011.05.31.

을 놓아 억지로 빼앗다'[56]라는 뜻이 된다.

그런데 위 인용문에서는 돈을 내라고 협박한 정황이 없다. 상대방이 자발적으로 돈을 내도록 유혹한 사실만 적시되어 있다. 말하자면 사기를 친 것이다. 그렇다면 '갈취'는 이 문맥에 어울리지 않는 말이다. 이 인용문 속의 '갈취'는 '속여서 빼앗다'라는 뜻을 가진 '편취(騙取)'나 '사취(詐取)'로 바꾸는 것이 옳을 것이다. '편취(騙取)'의 '편(騙)'자와 '사취(詐取)'의 '사(詐)'자는 모두 '속이다'라는 뜻을 가지고 있다.

(2) (두뇌) 개발(開發) → (두뇌) 계발(啓發)

*(가) **두뇌개발**에 꼭 필요한 달걀: 달걀 흰자에는 알부민이, 노른자에는 레시틴이 많이 포함되어 있다.*[57]

*(나) **자기 개발** 분야의 권위자인 로버트 쿠퍼 박사가 쓴 책에는 이런 구절이 있습니다. 어렸을 때 할아버지가 자기에게 해준 조언이라는데, 자신의 신념이 흔들린다고 생각될 때마다 되새겨 볼만한 구절입니다.*[58]

위 예문에 쓰인 '개발'이 어색하게 보인다. '개발'과 '계발' 모두가 '보다 나은 상태로 바꾼다'는 뜻에서는 큰 차이가 없다. 하지만 '개발'은 '국토 개발' 등과 같이 물질적인 가치를 향상시키

---

56 이희승《국어대사전》제71쪽.

57 아이러브 그린 홍보메일 2011.01.21.

58 합포만의 아침 2011.07.27.

는 것을 말할 때 주로 쓰고, '계발'은 정신적인 가치를 제고하는 것을 말할 때에 주로 써왔다. 따라서 위 두 예문에서의 '개발'은 '계발'로 바꾸어 쓰는 것이 옳은 듯하다.

(3) 귀향(歸鄕)가다 → 귀양(歸養)가다

(가) 우리는 같은 이상을 가진 사람들이라 처음 만나도 서먹하지 않다. 이야기를 나누다 보니 한분 중 며느리가 내 딸의 친구다. 이런 저런 대화를 나누며 강화를 향해 달리고 달렸다. 강화도령인 철종 왕의 ***귀향지****인 강화도는 김포를 완전히 지나야 "어서오세요. 강화도입니다"라는 팻말이 나온다.*[59]

(나) 내가 진짜 감독들 목 많이 쳤다. 다른 감독들한테 몹쓸 짓을 많이 해서 지금 제주도로 ***귀향*** *온 거 아니야(웃음).*[60]

(다) 충북교원단체총연합회(회장 신남철)는 23일 "북한의 천안함 폭침 2주기를 맞아 조국을 지키다 순직한 천안함 장병과 침몰한 천안함의 장병을 구하려다 순직한 고 한주호 준위, 이를 돕고 ***귀양****하다 희생된 선원 및 연평도 폭격으로 희생된 장병들을 추모한다"고 말했다.*[61]

국립국어원의 《표준국어대사전》의 '귀양'조에는 "고려 · 조선 시대에, 죄인을 먼 시골이나 섬으로 보내어 일정한 기간 동안 제한된 곳에서만 살게 하던 형벌. 초기에는 방축향리의 뜻으로

---

59 세계일보 '유○○의 세상이야기' 2011.10.20.

60 박○○칼럼 2011.08.16.

61 아시아뉴스통신 이○○ 기자 2012.03.23.

쓰다가 후세에 와서는 도배(徒配), 유배(流配), 정배(定配)의 뜻으로 쓰게 되었다."는 설명이 붙어 있다. 그런데 초기에 쓰인 뜻이라는 '방축향리'는 형벌로 '고향으로 돌려보내는 것'을 말한다. '귀양'의 원래 말뜻은 '고향으로 돌아가는 것'이었던 것이다. 민중서림의 《국어대사전》에서 '귀양'은 원래 '귀향'에서 온 말이라고 한 것도 그런 맥락이다.

그러나 어느 시기부터 지금에 이르기까지는 형벌로 외진 지역으로 가는 것을 '귀양'이라고 하고, 고향으로 돌아가는 것은 '귀향'이라고 하여 그 둘을 구분한다. 그런데 위 인용문 (가)와 (나)의 경우는 모두 그들의 고향으로 간 것이 아니다. (가)의 경우는 실제로 유배지로 간 것이고, (나)의 경우는 심정적인 유배지로 간 것이다. 그런즉 이 두 경우의 '귀향'은 마땅히 '귀양'으로 바꾸는 것이 옳다.

(다)의 경우는 이와는 반대로 '귀향'을 '귀양'으로 잘못 쓴 것으로 생각된다. 그렇지만 그것도 석연찮다. 그 선원들이 꼭 고향으로 가야만 할 상황이 드러나 있지 않기 때문이다. 문맥은 단지 '일을 마치고 출발지로 돌아가는 것'인 것이 분명하다. 그렇다면 이 '귀양'은 '귀항(歸航)'의 잘못일 가능성이 높다.

(4) 만전(萬全)의 준비 → 만반(萬般)의 준비

본 학회에서는 이번 전시회가 귀사에 큰 도움이 될 수 있도록 ***만전의 준비****를 할 것을 약속드리며, 다양한 홍보, 마케팅효과 및 인적 교류를 폭넓게 이룰 수 있는 기회의 장소인 한국ㅇㅇ공학회*

2009년도 봄 학술대회의 전시회에 많이 참여하여 주시기 바랍니다.[62]

위 예문에서 '만전(萬全)의 준비'는 좀 생각해볼 필요가 있는 부분이다. 언어 관행상 '만반(萬般)의 준비'라고는 하지만, '만전의 준비'라고는 잘 하지 않기 때문이다.

'만전'과 '만반'은 '만'이라는 한 글자를 공유할 뿐만 아니라 발음도 비슷하지만, 이 둘은 품사가 다른 어휘다. '만전'의 '전(全)'은 말 그대로 '완전하다'는 뜻의 형용사이지만, 만반의 '반(般)'은 '가지', '종류' 등의 뜻을 지니는 명사이고, 그것이 다른 명사를 수식하는 경우에는 단위를 나타내는 말이 된다. 중국어 문법으로 말하면 양사(量詞)가 되는 셈이다. 그래서 '만반의 준비'는 '온갖 준비'가 되며 '만반'은 준비의 범위를 나타내는 역할을 한다.

이에 대하여 '만전(萬全)'은 두 가지의 해석이 가능한데, '만(萬)'자를 명사로 보는 경우와 부사로 보는 경우가 그것이다. 명사로 보는 경우는 '만 가지가 완전하다'는 뜻이 될 것이고, 부사로 보는 경우에는 '매우 완전하다'가 될 것이다. 그렇지만 어느 경우나 완전의 정도를 나타내는 말이 된다.

그래서 '만반'은 '만반의 준비'처럼 통상 뒤에 다른 명사를 대동하는 구조를 만들어서 해당되는 범주 내에서 누락이 없음을 나타낸다. 이에 대하여 '만전'은 '만전을 기하다'처럼 쓰여 어떤 행위나 상태가 완전한 정도임을 나타낸다. 그래서 '만전의 준

62 한국○○공학회 2009년도 봄 학술대회 안내문

비'를 '완벽한 준비'로 보아도 안 될 것은 없겠으나, 언어 관행상 어색하게 보이는 것이다. '만반의 준비에 만전을 기한다'고 하는 것이 일반적인 언어 관행이기 때문이다.

(5) (성대)묘사(描寫) → (성대)모사(模寫)

(가) 특히 이날 태풍은 투자자들의 눈에 들기 위해 노래방에서 머리에 타이를 두르며 코에 점까지 붙이는 등 평소에는 볼 수 없었던 망가지는 캐릭터로 분해 눈길을 끌었다. 특히 "하늘에서 눈이 와요~"라며 맹구 ***성대묘사****를 완벽히 소화해 폭소를 자아냈다.*[63]

(나) "처음엔 너무 부담됐어요. 아이디어로 개그하는 스타일이라 ***성대 묘사****는 한 번도 안 해봤거든요. 그런데 메인 셰프를 맡긴다고 해서 엄청 걱정했죠. MP3에 대통령 연설을 녹음해서 하루 종일 듣고 다녔어요."*[64]

(다) 우선 정종철은 그냥 지나가는 자동차에 빗속을 지나가는 자동차까지 ***성대묘사****해 관객들의 호응을 이끌어냈다. 이어 정종철은 나이트클럽 안과 밖* ***성대묘사****에 뜨거운 꿀꿀이죽을 허겁지겁 먹는 돼지* ***성대묘사****를 재연해 웃음을 이끌어냈다.*[65]

'특정인의 목소리나 동물들의 음색을 흉내내는 것'을 '성대모사(聲帶模寫)'라고 한다. 성대는 양서류 이상의 동물들의 신체 기

63 한경닷컴 bnt뉴스 우○○ 기자 2011.03.21.

64 MK뉴스 박○○ 기자 2011.12.21.

65 TV리포트 권○○ 기자 2011.06.29.

관 중에서 목소리와 가장 밀접한 관련이 있는 부분이다. 그래서 '성대모사'의 '성대'는 '목소리'를 대신하는 말로 쓰이고 있다. 거기에 원래 '기성의 그림을 그대로 베끼는 것'을 가리키던 것이 그 의미가 확장되어 '베끼다' 또는 '흉내내다'라는 말로 쓰이는 '모사(模寫)'를 덧붙여서 '성대모사'라는 말이 생겼다.

그런데 위의 인용문에서 보듯이 이 성대모사를 '성대묘사'로 표현하는 경우를 심심치 않게 볼 수 있다. '모사'와 '묘사'는 발음이 비슷할 뿐만 아니라 그 뜻도 상당히 닮아서 구분하기가 쉽지 않기 때문이다.

'묘사(描寫)'는 '사물이나 현상을 있는 그대로 그려내는 것'인데 여기에는 그림과 같은 시각적인 표현뿐만 아니라 언어적인 표현도 포함된다. '모사(模寫)'는 이미 말했듯이 그대로 베끼거나 흉내내는 것을 가리키는 말이다. 그림으로 친다면 눈에 보이는 풍경을 그대로 그리는 것이 '묘사'고, 풍경을 묘사한 그림을 다시 베끼는 것이 '모사'가 되는 것이다. 신체 기관인 성대를 그대로 그려내든지 아니면 어떤 소리의 특성을 정교한 언어로 표현해내는 경우에는 '성대묘사'라는 말이 성립할 수 있겠지만, 그냥 소리를 흉내내는 것은 '성대모사'라고 해야 하는 것이다.

(6) (열쇠)복사(複寫) → (열쇠)복제(複製)

*(가) 중원경찰서는 7일 판매했던 대포차량을 다시 훔쳐 판매한 혐의(절도)로 대학생 홍모(22)씨에 대해 사전구속영장을 신청하고 정모(22)씨 등 4명을 같은 혐의로 불구속 입건했다. 경찰에 따르면 홍씨는 지난 9월 24일 오후 7시30분께 경남 통영시에서 자신들이 인터넷으로 구입한 대포차량을 300만원을 받고 송모(37)씨에게 되판 뒤 친구들과 함께 성남시 중원구까지 뒤쫓아와 미리 **복사**해 둔 열쇠로 훔쳐 달아나는 등 두 차례에 걸쳐 같은 수법으로 자신들이 판매한 대포차량을 훔친 혐의를 받고 있다.*[66]

*(나) 영화는 숀 코너리가 연기하는 에드워드 피어스가 어떻게 연인과 함께 기지를 발휘해 4개의 열쇠를 **복사**하고 금고를 털어나가는지를 자세히 그려나간다.*[67]

*(다) 포항북부경찰서는 16일 미리 **복사**해 둔 열쇠를 이용, 금품을 훔치려 한 A씨(27)를 절도미수 혐의로 구속했다.*[68]

*(라) 현재 북한 장마당에는 한국에서 방영된 지 1주일 정도 지난 최신 드라마나 예능 프로그램 CD가 나오는 것으로 알려졌다. 남한에서 방송된 TV프로그램들은 중국에서 대규모로 **복사**된 뒤 중국 국경을 넘어 북한땅으로 유입되는 것으로 전해졌다.*[69]

위 네 가지 예문에는 '복사'라는 말이 공통으로 쓰이고 있다.

---

66 경인일보 2010.12.08.

67 chosun. com 2011.01.31.

68 경북일보 2010.08.17.

69 chosun.com 김○○ 기자 2011.08.29.

(가)와 (나)와 (다)는 '같은 모양의 열쇠를 만들다'라는 뜻으로 '복사'라는 말을 쓰고 있고, (라)는 '방송 프로그램을 그대로 베낀 CD를 만들다'라는 의미로 '복사'를 쓰고 있다. 그런데《국어대사전》의 '복사' 조에는 "① 한 번 베낀 것을 다시 베낌. ② 두 장 이상을 포개어서 한꺼번에 씀. ③ 같은 것을 두 장 이상 베껴 만듦. ④ 그림이나 사진 같은 것을 복제함. 카피(copy)."라는 어휘 설명을 싣고 있다. 그리고 ④에 보이는 '복제'라는 말에는 "① 본디의 것과 똑같은 것을 만듦. 또, 그 만든 것. ②【법】원저작물(原著作物)을 지각(知覺)할 수 있는 모조물(模造物)을 작성하는 모든 행위. 저작권의 침해가 됨."이라고 되어 있다. 그렇다면 (가)와 (나)와 (다)에 쓰인 '복사'는 적절하지 못하며, '복제'로 써야 한다는 것을 알 수 있다. (라)의 경우는 '복사'의 '④ 그림이나 사진 같은 것을 복제함'에 근거하여 별다른 문제가 없어 보이지만, '복제'의 ②의 설명에 따르면 이 경우에도 '복제'라는 말을 쓰는 것이 적합하다는 것을 알 수 있다. 똑같은 프로그램의 CD를 만드는 것도 똑같은 제품을 만드는 행위라는 점에서 '복제'라는 말이 옳은 것이다. 요즈음 영어의 범람에 의해 이 두 가지를 모두 포괄하는 영어 단어 'copy'의 영향으로 '복사'와 '복제'를 구분하지 못하는 현상이 만연해진 것으로 생각된다.

(7) (연극) 상영(上映) → (연극) 상연(上演), (영화) 상연(上演) → (영화) 상영(上映)

연극과 영화는 닮은 점이 많은 예술이다. 배우들의 언어와 행동을 통해서 특정 메시지를 전달한다는 공통점이 있다. 그러나 연극은 배우들이 직접 무대 위에서 행동하고 말하지만, 영화는 배우들의 언행을 찍은 영상을 스크린에 비추어서 관객들에게 보여준다. 그래서 연극의 관람은 배우들의 동작을 직접 보는 것이지만, 영화의 관객은 배우들의 영상만을 보게 된다. 그런 면에서 연극과 영화가 관객에게 보여주는 행위는 차이가 있다. 그래서 우리나라와 일본에서는 관객에게 연극을 보여주는 것을 '상연(上演)'이라고 하고, 영화를 보여주는 것을 '상영(上映)'이라고 한다. '상연(上演)'은 '배우가 무대에 올라 동작을 해보인다'는 뜻이고 '상영(上映)'은 '스크린에 영상을 비춰준다'라는 뜻이 된다. 그런데 인터넷에서 떠도는 말 중에는 이 둘을 구분하지 못한 경우가 적지 않다.

(가) 두 사람의 결혼식에는 문화예술에 관련된 하객들이 대거 참석할 것으로 보이며, 주례는 국민배우 이순재가 맡을 예정이다. 이순재는 올해 초 명동에서 ***상영된*** *연극 '돈키호테'에 출연하면서 양정웅과의 소중한 인연을 맺었다.*[70]

(나) 코믹연극의 결정판을 보여줄 '코믹 연극페스티벌'에서 ***상영할***

70 재경일보 민○○ 기자 2011.05.19.

작품 세 편은 모두 중소형 극장 무대를 통해 검증된 것들로, 코믹이라는 성격과 웃음을 짙게 풍기고 있어 화목을 다지기에 그만이라는 평가를 듣는다.[71]

(다) *기억에 가장 남는 영화는 5년 전에 본 1920년대 독일 영화이다.* ***상연*** *도중 무대 앞에 설치된 피아노 연주도 함께 들을 수 있는, 흑백 무성영화이다.*[72]

(라) *지난달 30일 한국 최초로 배리어프리 영화가* ***상연된*** *서울 상암동 한국영상자료원. 여기 모인 많은 관객들은 한글 자막과 상황을 설명해 주는 음성 해설에 관람객들은 엄지손가락을 치켜 들며 만족감을 나타냈다.*[73]

인용문 (가)와 (나)는 모두 연극과 관련된 것으로서 배우들이 연기를 하는 것이므로 굵은 글씨체로 표시한 '상영'은 '상연'으로 바꾸어야 된다. 반대로 (다)와 (라)는 모두 영화와 관련된 이야기를 하고 있으므로 굵은 글씨체로 표시한 '상연'은 모두 '상영'으로 바꾸어야 할 것이다.

연극과 영화라는 상당한 유사성을 공유하고 있는 두 영역에 관련된 말인 '상연'과 '상영'은 발음조차 비슷하여 자칫하면 위의 예문들처럼 뒤바꾸어 쓰기가 쉽다. 그렇지만 '동작을 해보인다'는 뜻이 들어 있는 '연(演)'자와 '비추다'라는 뜻의 '영(映)'자는 그 자체로 연극과 영화의 특징적인 차이를 잘 나타내므로 이들

71 서울신문 강○○ 기자 2012.01.13.

72 주간조선 유○○ 퍼시픽21 소장 2012.03.06.

73 포옹리포트 최○○ 기자 2011.11.03.

을 구별해서 쓰는 것이 옳을 것이라고 생각한다. 한 가지 재미있는 현상은 현대의 중국어도 '상연'과 '상영'을 우리나라나 일본과 다름없이 전자를 연극과 관련되는 말로 후자를 영화와 관련되는 말로 사용하고 있지만, 한 때 이들을 뭉뚱그려 사용한 흔적도 있다는 점이다.[74] 이것은 '상연'과 '상연'을 구분하여 정확하게 쓴다는 것이 쉬운 일이 아님을 암시하는 것일 것이다.

(8) 운명을 달리하다 → 유명(幽明)을 달리하다

(가) 옥씨는 편지에서 "갑자기 ***운명을 달리****한 아들을 생각하면 아직도 잠을 이루지 못하고 식사도 제대로 할 수 없다"면서 "아들에게 베푼 감독님의 사랑을 잊지 않겠다"고 말했다.*[75]

(나) 중국 최대 포털 사이트가 최진실, 이은주 등 ***운명을 달리한*** *한국의 유명 연예인들의 숨겨진 성인 비디오가 공개됐다며 엉뚱한 인물의 노출사진을 메인 화면에 게재해 분노를 자아내고 있다.*[76]

'사람이 죽는 것'을 나타내는 말 중에 '유명(幽明)을 달리하다'라는 말이 있다. '그윽하다'라고 뜻풀이가 되는 '유(幽)'자는 '죽음'을 상징하고, '밝을 명(明)'은 '밝은 세상' 곧 '이승'을 상징하는

74 《漢語大詞典》(漢語大詞典編輯委員會漢語大詞典編纂處, 上海:漢語大詞典出版社, 1989년 초판, 1994년 제3쇄.) 제3권 129쪽 '상연(上演)'조에서는 '연극을 상연하다'는 뜻과 '영화를 상영하다'는 뜻으로 공히 쓰일 수 있다고 하면서 그렇게 쓴 예를 들고 있다.

75 연합뉴스 고○○ 기자 2011.05.26.

76 국민일보 쿠키뉴스 신○○ 기자 2011.08.25.

말이다. 그런 즉 '유명을 달리하다'라는 것은 '이승에서 저승으로 간다'는 뜻이 되고, 그것은 곧 '죽는다'는 의미가 된다. 그런데 '사람이 죽는 것'을 뜻하는 한자어 중에는 '운명(殞命)'이라는 것이 있다. '목숨이 끊어지다'라는 뜻이다. 그런데 얼핏 듣기에 '유명'과 '운명'이 비슷하게 들린다. 그래서 적지 않은 사람들이 위의 예문들처럼 '유명을 달리하다'라고 해야 할 것을 '운명을 달리하다'라고 하는 것이다. 위의 두 예문과 같은 상황에서 '운명(殞命)'이라는 말을 쓰고자 한다면 '운명을 달리한'을 '운명한'으로 바꾸어야 한다.

(9) '자청(自請)하다'와 '자처(自處)하다'

*(가) 양준혁은 14일 자신의 트위터에 '무사하다니 천만다행입니다' 라는 글과 함께 한효주의 사진을 올렸다. 그는 평소 방송과 공식석상에서 한효주를 좋아하는 열혈팬임을 **자청했다**.*[77]

*(나) 자두가 '톱밴드2' 팬임을 **자청**했다.*[78]

*(다) '봄, 눈' 윤석화, 후배 연기 지도 **자처** '분위기 메이커 등극'*[79]

*(라) 방통위, 7대 ICT 신산업 해외진출 교두보 역할 **자처***[80]

(마) 박 비대위원장은 길라드 총리와 만남에서 "북한의 미사일 발사

77 일간스포츠 김○○ 인턴기자 2011.03.14.
78 뉴스엔 글 박○○ 기자 2012.03.26.
79 스포츠조선 정○○ 기자 2012.04.02.
80 아이티투데이 김○○ 기자 2012.03.29.

*는 고립을 **자처**하는 것이자 모처럼 열린 기회의 문을 닫는 격" 이라고 말했고 길라드 총리는 "북한이 미사일 발사 실험계획을 철회해야 한다"고 말했다.*[81]

국립국어원은 《표준국어대사전》의 '자처하다'조에 "자기를 어떤 사람으로 여겨 그렇게 처신하다."라는 풀이를 붙였고, '자청하다'조에서는 "어떤 일에 나서기를 스스로 청하다."라고 해설하였다. 얼핏 비슷하게 보이지만 자세히 따져보면 '자처하다'라는 말은 신분과 위상에 관한 말이고, '자청하다'라는 말은 어떤 행위를 하는 것과 관련된 것으로서 두 말은 서로 다른 말임을 알 수 있다.

위 인용문 (가)와 (나)는 모두 화자가 스스로 생각하는 신분에 해당하는 '팬'이라는 말을 하고 있다. 그렇기 때문에 이 두 인용문에 쓰인 '자청'이라는 말은 문맥상 적절하지 않다. 마땅히 '자처'라는 말로 바꾸어야 할 것이다. 그런데 (다)에서는 스스로 어떤 행위를 하는 것을 말하고 있다. 그러므로 여기에 쓴 '자처'는 '자청'이라고 고쳐야 문맥이 자연스러워진다.

그런데 (라)의 경우는 판단하기 매우 곤란하다. 어떤 상대적인 위상을 말하는 것으로도 볼 수 있고, 어떤 행위를 의미하는 말로도 볼 수 있기 때문이다. 전자에 중심이 가 있다면 그대로 '자처'가 적합할 것이고, 후자에 중심이 가 있는 경우라면 '자청'이라고 해야 옳을 것이다. 문맥으로 보건대 이 경우는 '교두보'

81 천지일보 유○○ 기자 2012.03.26.

의 역할에 해당하는 어떤 행위를 전제하고 있으므로 '자처'를 '자청'으로 고치는 것이 더 나을 듯하다.

(마)의 '자처'는 좀 엉뚱하게 쓰였다. 이 문장에서의 '자처'는 문맥으로 보아 '스스로 (고립되는 상황을) 만드는 것'을 의미하는 것이 틀림없다. 그런데 '고립되는 상황을 스스로 만들어가는 것'은 '고립을 자처하다'가 아니라 '고립을 자초(自招)하다'이다. '스스로 불러들이다'라는 뜻의 '자초(自招)'를 그와 발음이 비슷한 '자처'로 오인한 것이 분명하다.

(10) 재연(再演)과 재현(再現)

(가) 경기·인천 등 수도권 전세 시장이 하반기 이사철을 앞두고 '폭풍 전야'다. 지난4월 이후 비수기를 맞아 잠시 주춤했던 전세난이 본격적인 이사기인 가을로 접어 들어가기 전에 벌써부터 ***재현될*** *조짐을 보이고 있는 것이다.*[82]

(나) 조용기 여의도순복음교회 원로목사와 그 가족의 교회 관련 직책 사임으로 일단락되는 듯했던 '여의도순복음교회 사태'가 ***재현될*** *조짐을 보이고 있다.*[83]

'재현'이라는 말은 한자로 '두 번 재(再)'자와 '나타날 현(現)'자를 써서 '再現(재현)'으로 쓴다. 그러므로 '재현'이라는 말의 뜻

82 아시아경제 김○○ 기자 2011.06.14.

83 연합뉴스 황○○ 기자 2011.05.18.

은 "두 번째 다시 나타남" 또는 "두 번째로 나타남"이 된다.[84] 위 인용문들의 '재현'이라는 말의 문맥상 뜻을 더듬어보면 '옛날에 일어났던 일이 다시 일어나다'라는 뜻이므로, '재현'이라는 말은 문맥 구성에 큰 문제가 없어 보인다.

그러나 이 문맥에서는 '재현'보다는 '재연(再演)'이라는 말이 더 적절할 수 있다. '재연(再演)'을 이희승 《국어대사전》에서는 "한 번 연출한 것을 다시 연출함." "한 번 일어났던 일을 다시 되풀이함."이라고 해설하였고, 국립국어원의 《표준국어대사전》에서도 이와 비슷하게 "연극이나 영화 따위를 다시 상연함."과 "한 번 하였던 행위나 일을 다시 되풀이함."이라는 두 가지로 해설하였다. 여기서 위 인용문의 문맥과 관련이 있는 것은 "한 번 일어났던 일을 다시 되풀이함." 또는 "한 번 하였던 행위나 일을 다시 되풀이함."이라는 뜻이다.

여기서 '현(現)'자와 구별되는 '연(演)'자의 뜻이 확인되는데, '현(現)'은 단순히 나타나는 것만을 나타내지만, '연(演)'은 '일정한 시간이 소요되는 일련의 사태가 나타나는 것'을 뜻한다는 것이다. 그런데 위 인용문 (가)와 (나)는 모두 일련의 과정이 있는 사태가 다시 나타나는 것을 말하고 있다. 그렇다면 위 인용문 (가)와 (나)에 쓰인 '출현'은 모두 '출연'으로 바꾸는 것이 옳을 것으로 생각된다.

---

84 이희승 《국어대사전》 제3262쪽. 한편 국립국어원의 《표준국어대사전》에서는 '재현'의 뜻을 "다시 나타남. 또는 다시 나타냄."이라고 하여 '재현'의 타동사적 용법도 추가하고 있다.

(11) 초소(哨所)와 소초(小哨)

(가) 지난해 7월 강화 해병대 2사단 해안 ***소초****에서 총기를 난사해 상관 등 4명을 살해한 혐의로 구속기소된 김모 상병(20)에게 13일 사형이 선고됐다.*[85]

(나) 지난해 7월 인천 강화도 해병대 2사단 ***초소****에서 총기를 난사해 장병 4명을 살해한 혐의로 구속기소된 김모(20) 상병에게 13일 사형이 선고됐다.*[86]

위의 두 인용문은 동일한 사건을 보도한 문장의 일부다. 그래서 그 내용도 별반 다를 것이 없다. 특이하게 다른 점은 (가)에서 '소초'라고 한 것을 (나)에서는 '초소'라고 한 것이다. '망볼 초(哨)'자와 '장소'라는 뜻을 주로 나타내는 '바 소(所)'자로 이루어진 '초소(哨所)'는 군대와 관련하여 흔히 쓰이는 말로서 글자의 뜻 그대로 '망을 보는 곳'이라는 말이다.

그런데 '소초'라는 말은 좀 생소하다. 얼핏 자판을 잘못 눌러 '초소'가 '소초'로 뒤집어진 것처럼 보인다. 그렇지만 '작을 소(小)'자와 '망볼 초(哨)'자로 이루어진 '소초'도 군사용어의 하나다. 국립국어원의 《표준국어대사전》에서는 '소초'를 "적은 인원으로 중요 도로나 지점의 경계 임무를 맡은 부대"라고 해설하였고, 이희승의 《국어대사전》에서는 "전략적으로 중요한 곳을 경계하는 임무를 맡은, 적은 인원으로 구성된 부대"라고 하였다. 곧

85 경향신문 경향닷컴 최○○ 기자 2012.01.13.

86 중앙일보 유○○ 기자 2012.01.14.

'적은 인원으로 구성된 경계부대'가 '소초'인 것이다. 그런즉 '초소'가 장소를 나타내는 개념인 것과는 달리, '소초'는 특수한 병력의 단위를 나타내는 말이다.

그러므로 사고가 발생한 곳을 '초소'라고 하는 경우는 그 사고가 초소가 있는 그 지점에서 일어났다는 말이고, '소초'라고 하는 경우는 그 소초에 소속된 장병이 사고에 연루되었다는 말이 된다. 그래서 공간적으로 '초소'와 '소초'는 일치할 수도 있고 그렇지 않을 수도 있게 된다. 어느 소초가 근무하는 초소에서 사고가 났을 경우에 '(어느)초소에서 사고가 났다'라고 할 수도 있고, '(어느) 소초에서 사고가 났다'라고 해도 무방하다. '소초'와 '초소'가 일치하는 경우다. 그러나 다음과 같은 경우에는 사정이 다르다.

> *(다) 2008년 7월 동해안 해안 **초소**에서 경계를 서던 해병대 병사 3명이 어처구니없는 사고로 숨지는 일이 발생했다. **초소**가 너무 낡아 무너져 내린 것.*[87]

위의 초소는 어떤 행위가 행해지는 구체적인 공간인 것이 분명하므로 이 '초소'를 '소초'로 바꿀 수 없다.

이런 맥락으로 (가)를 살펴보면 석연찮은 구석이 있다. '총을 쏘는' 구체적인 행위가 일어난 장소로 '소초'를 지목했기 때문이다. 게다가 그 사고가 그 소초가 근무하는 초소를 벗어나서

87 한국경제 김○○ 기자 2012.01.19.

발생했다는 정보도 없다. 그래서 이 경우에는 '소초'보다는 '초소'가 더 적절하다고 생각한다. 굳이 '소초'라는 말을 쓰고 싶으면 "지난해 7월 총기를 난사해 상관 등 4명을 살해한 혐의로 구속기소된 강화 해병대 2사단 해안 소초의 김모 상병(20)에게 13일 사형이 선고됐다."라고 하는 것이 옳을 것이다.

(12) 출연(出演)과 출현(出現)

(가) 23일 서부초등학교에 따르면 한국영화인 대구광역시협회에서 제작중인 교육 영화 '위험한 사춘기'에 서부초등학교 취타대 학생들이 ***출현****한다. …… 서부초등학교 취타대는 24일 오전 중앙로 등지에서 영화 촬영에 참여하게 된다. 촬영할 장면은 취타대의 행진에 맞춰 사람들이 캠페인을 벌이는 장면이다.*[88]

(나) 애쉬튼 커처는 미국에서 오랫동안 인기를 끌어온 CBS 시티콤 '두남자와 1/2'의 주인공을 새롭게 맡아 주목을 받고 있다. 그가 ***출현한*** *대표작으로는 발렌타인 데이, 라스베이거스에서 생긴 일, 나비효과 등이 있다.*[89]

흔히 쓰이는 '출현'이라는 말은 '날 출(出)'자에 '나타날 현(現)'자를 쓴다. 그래서 '출현(出現)'은 '(무언가가) 나타나거나 나타나 보이는 것'을 뜻하는 말이 된다. 위 인용문 (가)와 (나)에 쓰인 '출현'도 누군가가 '나타나 보이는' 상황과 관련이 있다는 점에서는 문제될 것이 없는 것처럼 보인다. 그런데 위 두 인용문에

88 뉴시스 최○○ 기자 2010.06.23.

89 아이뉴스24 안○○ 기자 2012.04.02.

서 '출현'하였다고 한 사람들은 단지 나타나서 눈에 보이는 것에 그치는 것이 아니라, 그 '나타남'에 더하여 '미리 짜인 각본에 따라 일정한 행동까지 하는 것'으로 되어 있다. '나타나는 것'만 나타낼 수 있지 '미리 짜인 각본에 따라 일정한 행동을 하는 것'까지는 담아낼 수 없는 위 두 인용문의 '출현'은 문맥에 맞는 의미를 충실하게 드러내기에는 역부족이다.

'나타남'과 '각본에 따라 일정한 행동을 하는 것'을 동시에 담아낼 수 있는 말은 '날 출(出)'자와 '펼 연(演)'자를 쓴 '출연(出演)'이다. "연극(演劇) · 영화(映畵) · 연설(演說) · 곡예(曲藝) 등을 무대(舞臺) · 연단(演壇) 등의 장소에 나가서 함"[90]이 이 '출연'이라는 말의 뜻이다. '출연'은 '출현'에 '각본에 따른 일정한 행동 수행'이라는 뜻이 더해진 말이 되는 셈이다. 그러므로 위 두 인용문에서의 '출현'은 모두 '출연'으로 바꾸는 것이 옳다.[91] '출현'이 '(나타나는) 순간'에 초점을 맞춘 말이라면, '출연'은 '(예정된 일련의 행동의 수행에 필요한) 일정한 길이의 시간'을 전제하는 말이라는 차이점이 '출현'과 '출연'의 개념을 구분하는 중요한 요소가 될 것이다.

---

90 이희승 《국어대사전》 제3822쪽. 국립국어원의 《표준국어대사전》에서는 '출연'의 뜻을 "연기, 공연, 연설 따위를 하기 위하여 무대나 연단에 나감"이라고 새겼는데, 이것은 '출연'의 말에 담긴 뜻의 절반만을 드러낸 것으로서 오히려 '출현'의 뜻에 가까운 풀이라고 할 것이다.

91 설사 배우가 나타났다고 하더라고 각본에 따른 일정한 동작의 수행과 관련되지 않는 경우에는 '출연'이 아닌 '출현'이라는 말을 써야 한다. "공현주, 민낯으로 영화관 깜짝 출현(일간스포츠 정○○ 기자 2011.10.31.)"이 그 좋은 예다.

(13) 행방(行方)과 향방(向方)

*이어 "평소 딸을 너무나 사랑했던 류○○이기에 이혼조정절차가 진행되는 과정에서도 가정을 지키기 위해 할 수 있는 모든 노력을 다할 것"이라며 딸을 위해서 이혼만은 막아보려는 입장을 밝혔습니다. 또 한 매체가 "부인이 가장 중요하게 생각하는 것이 딸에 대한 양육권"이라고 보도하면서 두 사람 모두 딸에 대한 애틋한 마음을 전해 앞으로 그들의 **행방**에 관심이 모아지고 있습니다.*[92]

이 인용문에서의 '행방'은 '문제가 되는 일을 처리해가는 방향 또는 그것을 처리한 결과'라는 뜻으로 쓰였음을 알 수 있다. '그들의 행방에 관심이 모아지고 있다'라고 한 것은 문맥상 '그들이 이혼 문제를 어떻게 처리하고 그 결과가 어떻게 될지에 관심이 쏠린다'라는 말로 이해될 수 있기 때문이다. 그런데 이 '행방'이라는 말은 한자로 '行方(행방)'으로 쓰는데, 그 뜻은 대략 '간 곳이나 방향'으로 새겨진다.[93] 여기서 '행방'은 이미 완료된 일을 기술하는 문맥에서 사용되는 말임을 알 수 있다. 그럼에도 불구하고 위 인용문에서는 아직 완결되지 않은, 그래서 진행되고 있는 사태를 기술하는 대목에 '행방'이라는 말을 썼다. '행방'의 일반적인 용법과는 맞지 않는 경우인 것이 분명하다.

'진행되고 있는 일의 방향'을 나타내는 말로는 '향방(向方)'이

---

92 MBN뉴스 2012.04.10.

93 국립국어원 《표준국어대사전》, 이희승의 《국어대사전》에서는 "간 방향, 간 곳, 종적(蹤迹)"이라고 '행방(行方)'을 해설하였다.

라는 말이 흔히 쓰인다. '향방(向方)'은 '향하여 나가는 방향' 또는 '향하여 가는 곳'이라는 뜻이다.[94] 그렇다면 위 인용문의 내용으로 보아 거기에 쓰인 '행방'이라는 말은 '향방'이라고 고쳐야 문맥이 자연스러워진다. '행방'과 '향방'의 발음이 비슷하고 뜻에도 일부 유사한 면이 있어서 혼동을 일으킨 것이 위 인용문과 같은 문장을 만들게 했을 것이다.

5) 난이도 높은 어휘를 유사한 발음의 다른 어휘로 재구

(1) 경치석 → 견치석(犬齒石)

한자어 중에는 난이도가 높은 것이 적지 않다. 일상생활에서 흔히 쓰기는 하지만 그 어휘가 만들어진 배경이 간단하지 않아 이해하기 어렵고, 그래서 잘못 쓰게 되는 경우가 종종 있다.

> *구청이 사유지에 **경치석** 설치 등 무단공사. 최근 동주민센터 측과 현장을 찾아간 김씨는 자신의 땅을 보고 입을 다물지 못했다. 백양산으로 이어진 산길에 **경치석**이 박혀 있고, 주변 아파트로 콘크리트 연결 다리가 설치돼 예전 임야의 모습과 완전히 달랐기 때문이다.*[95]

위 예문에서 굵은 글씨체로 표시한 '경치석'은 '견치석(犬齒

94 국립국어원 《표준국어대사전》, 이희승의 《국어대사전》에서는 '향하여 가는 곳'이라고 새기고 있다.

95 부산일보 전○○ 기자 2009.09.17.

石)'의 잘못이다. 견치석은 제방을 보호하기 위한 호안공사(護岸工事)에서 석축을 쌓을 때에 흔히 쓰는 것으로서 앞면이 판판한 마름모형의 각진 돌이다. 그 돌의 형태가 대부분 개의 이빨 또는 송곳니처럼 뾰족하기 때문에 '견치석(犬齒石)'이라는 이름을 붙인 것으로 생각된다.[96] 그런데 그 견치석을 이용하여 공사를 하게 되면 환경이 정비되어 대개 그 이전보다 경치가 나아지게 된다. 그 때문에 '경치를 돋보이게 하는 돌' 또는 '경치를 좋게 만드는 공사에 사용되는 돌'이라는 의미로 해석하여 견치석을 경치석(景致石)이라고 한 것인지도 모르겠다.

(2) 수온주 → 수은주(水銀柱)

(가) 대구는 최근 연일 ***수온주****가 37℃를 넘는 폭염으로 뜨겁게 달궈지고 있다. 하지만 '푸른 대구 가꾸기'로 조성된 2300만 그루의 나무숲이 도심열섬 현상을 완화해 주고* ***수온주****를 끌어내린다.*[97]

(나) 한여름 ***수온주****처럼 매번 쭉쭉 올라가는 항공요금 인상 신호탄에 이제는 저가항공사마저 들썩거리고 있다.*[98]

(다) 기록적인 폭염에 열흘째 시달린 미국의 수도 워싱턴DC 주변 시민들은 8일(현지시간) 다소 떨어진 ***수온주****를 보며 한숨을 돌*

96 이희승 《국어대사전》에서 "'犬齒石'은 '견칫돌'을 취음(取音)한 것"이라고 한 것은 선뜻 이해하기 어렵다.

97 naeil.com 최○○ 기자 2012.07.30.

98 시사제주 김○○ 사회적기업 대표 2012.07.21.

렸다.[99]

(라) 이날 울프를 비롯해 할리우드 배우 앨릭 볼드윈과 수잔 서랜던, 마이클 무어 감독 등 유명 인사들의 시위 참여로 굵은 빗줄기와 뚝 떨어진 ***수온주****에 주춤하는 듯했던 월가의 점령시위는 다시금 힘을 받고 있다고 미국 언론들은 보도했다.*[100]

우연히 '수온주'라는 말이 쓰이고 있는 것을 보고 확인해보니 '수온주'라는 말을 쓴 경우가 매우 흔하다. 문필을 업으로 삼고 있는 사람들 중에도 '수온주'라는 말을 쓰는 사람들이 적지 않은 사정을 드러내 보이기 위해서 인용문을 넷이나 실었다.

온도계는 여러 가지 종류가 있으나, 그 중 가장 흔히 사용되고 있는 것이 바로 수은온도계다. 수은온도계는 온도의 변화에 따라 일정한 비율로 팽창하고 수축하는 수은의 물리적 특성을 이용한 것인데, 가는 유리관 속에 수은을 넣어 봉하고는 온도의 변화에 따라 변하는 수은의 부피를 수치화하여 온도를 나타낸다. 그 수은온도계의 가는 유리관 안의 수은은 마치 가는 기둥처럼 보이는데, 그것을 '수은 기둥' 곧 수은주(水銀柱)라고 한다. 그런 까닭에 수은주는 흔히 '온도'의 대명사처럼 쓰이고 있다.

그런데 위에 열거한 네 개의 인용문에는 문맥상 '수은주'임이 분명한 것을 '수온주'라고 하고 있다. 정황으로 보아 '수은(水銀)'의 '은(銀)'을 '온도(溫度)'의 '온(溫)'으로 착각한 것이 분명하다. 온

99 연합뉴스 이○○ 특파원 2012.07.09.

100 한겨레 김○○ 기자 2011.10.20.

도와 관련된 것인 만큼 '수은'의 '은'을 '온도'의 '온'으로 착각할 가능성이 있다고 하더라도, '수온주'의 '수'는 어디서 나온 것이라고 생각하여 그렇게 썼는지 이해할 수 없다. 한자어 교육을 충실히 받지 못한데다 사전 찾기조차 성실히 하지 않는 오늘날 우리 사회 젊은 지식인들의 실상이 여실하게 드러난 현장인 듯하여 씁쓸한 느낌을 떨치기 어렵다.

(3) 혼미백산 → 혼비백산(魂飛魄散)

동일한 옆모습 포즈를 취하면서도, 김선아는 불타는 추진력의 의지를 담은 표정을, 나문희는 여유가 묻어나는 표정을, 이경실은 분노 그 자체의 표정을, 고준희는 젊음의 패기를 담은 표정을 선보이며, 각 캐릭터별 개성을 명확하게 잡아내고 있다. 여기에 포스터의 한 가운데를 시원스럽게 뚫고 나오는 걸스카우트의 노란 봉고차와 봉고차에 쫓겨 ***혼미백산*** *달아나는 남자의 파격적인 비주얼은 포스터에 신선함을 더하는 동시에 '내돈 탈환을 위해 프로범죄 세계에 뛰어든 여걸들의 맹추격'을 그린 <걸스카우트>의 통쾌한 스토리를 기대케 한다.*[101]

'ㅁ'과 'ㅂ'의 자판의 위치가 비슷한 것으로 보아서 '혼미백산'은 '혼비백산'으로 글자를 치려고 하다가 깜빡 오타가 난 것일지도 모르겠다. 그러나 인터넷 상에는 '혼미백산'이라고 쓴 경우가 적지 않으므로, 이 글을 쓴 기자도 그렇게 알고 썼을 가능성이 있다.

---

101 씨앤비뉴스 차○○ 기자, 2008.05.07.

'혼비백산(魂飛魄散)'이란 '혼이 날아가고 백이 흩어진다'는 뜻이다. 중국을 위시한 동양에서는 전통적으로 인간의 영혼을 혼과 백으로 나누었다. 맑은 기운으로서 순수한 영적인 영역을 담당하는 것이 '혼'이고, 육신의 감각을 관장하는 것은 '백'으로서 상대적으로 탁한 것이라고 하였다. 그리하여 사람이 죽으면 혼은 하늘로 날아가고 백은 땅으로 스며든다고 생각하였다. 결국 혼백이란 인간 정신의 모든 것이 된다. 그 혼백이 날아가 흩어지면 당연히 정신이 없게 되는 것이다. 그래서 '너무 놀라 어쩔 줄 모르는 상황'을 '혼백이 날아가 흩어진다'고 표현하였는데, 그것이 바로 '혼비백산(魂飛魄散)'이다.

위의 예문에 보이는 '혼미백산'은 '혼비백산'이라고 했어야 문맥이 순조로운 것이 분명하다. 그럼에도 이를 '혼미백산'이라고 한 것은 '혼비백산'의 '혼비'를 '마음이 흐리고 사리에 어두움'이라는 뜻의 '혼미(昏迷)'로 잘못 이해한 탓일 것이다. 발음이 언뜻 비슷하고 뜻도 닮은 듯해서 빚어진 착오로 생각된다. 그러나 그 둘은 글자도 다르고, 구체적인 함의도 다르다. '혼비백산'이 외부의 충격에 의해 정신이 없는 동적인 상태라면, '혼미'는 그 자체의 불건강성에서 야기된 정적인 상태라는 차이도 감지된다.

'혼백이 날아가 흩어진다'는 말을 한자로 표현하면 본래 '혼백비산(魂魄飛散)'이 되어야 될 것이나 '혼비백산(魂飛魄散)'으로 표현한 것은 한자어에서 사자성어를 만들 때에 의미가 'A<u>A</u>B<u>B</u>'의 구조로 된 것은 통상 'AB<u>AB</u>'로 쓰는 것을 선호하기 때문이다. '동과 서를 가릴 것 없이 바쁘게 돌아다닌다'는 말도 '동서분

주(東西奔走)'로 썼어야 할 것이었으나 그것을 '동분서주(東奔西走)'라고 표현하고, '하늘과 땅을 놀라 움직이게 한다'는 말도 '경동천지(驚動天地)'가 되었어야 했으나 '경천동지(驚天動地)'로 쓴 것들이 다 그러한 연유 때문이다.

6) 어휘의 함의를 같은 발음의 다른 한자어가 내포하는 특성으로 오해

(1) 고등교육(高等敎育)

그러나 그 두 영역은 한국에서 보편적인 ***중고등 교육****을 받은 아이들을 위한 평가이기 때문에 특별한 학원을 다닐 필요는 없을 것이다. 한국교육과정평가원 사이트(www.kice.re.kr)에 들어가 보면 국가영어능력인증시험에 관한 정보를 얻을 수 있다. 예비 중3부터 시행될 예정이라고는 하지만 예비 고1이나 예비 고 2도 수시나 입학사정관에 참고 사항으로 활용할 수 있을 거라는 예측도 있으므로 알아두면 좋지 않을까?*[102]

위 인용문 속의 '중고등 교육'은 좀 문제가 있어 보인다. '중고등 교육을 받은 아이들을'이라는 말로 미루어 보건대 여기서 말하는 '중고등 교육'은 '중학교와 고등학교에서 실시하는 교육'이라는 의미로 쓰인 것으로 생각된다. 그러나 '중등교육'이란 "초등 교육을 마친 사람에게 그 다음 단계로 실시하는 교육으로서 중학교와 고등학교에서 실시하는 교육"[103]을 가리키는 말이다.

102 뉴스타운 이○○ 기자 2012.01.26.

중등교육의 일부인 '고등학교에서의 교육'을 "고도의 전문적 지식 또는 기술을 터득하게 하는 전문대학 이상의 교육을 통틀어 이르는 말"[104]인 '고등교육'과 혼동함으로써 빚어진 오류인 셈이다. 위 인용문의 '중고등 교육'은 '중고등학교 교육'이라고 하든가 그냥 '중등교육'이라고만 해야 사리에 맞는 말이 될 것이다.[105]

(2) 묵수(默守) → 묵수(墨守)

(가) <선동가는 길>
개발은 제발 사양
*보호는 철저 **묵수(默守)***
나그네 수양은 선택 옵션[106]

*(나) 변영로는 '시대 정신'을 강조하면서 이렇게 지적하였다. "잠깐 동양화를 보라. 특히 근대의 조선화를. 어디 호발(毫髮)만큼이나 시대 정신이 발현된 것이 있으며, 어디 예술가의 굉원(宏遠)하고 독특한 화의(畫意)가 있으며, 어디 예민한 예술적 양심이 있는가를. 단지 선인(先人)의 복사요 모방이며 낡아빠진 예술적 약속을 **묵수(默守)**함이다." 그는 신화법으로 근본적인 혁신*

---

103 국립국어원《표준국어대사전》의 내용을 옮기면서 문맥을 일부 조정하였음.

104 국립국어원《표준국어대사전》

105 이 경우는 적용 대상에 따라 의미에 차이가 나는 어휘를 잘못 쓴 경우로서 같은 발음의 다른 한자말과 혼동한 다른 것들과는 그 성격에 차이가 있다. 그렇지만 이런 부류의 다른 예가 쉽게 눈에 띄지 않으므로 편의상 성격이 비슷하다고 생각되는 이곳에 붙여 두기로 한다.

106 溫鄕 이○○의 블로그

이 필요하다고 결론적으로 역설하였다.[107]

위 문장 중에 굵은 표시를 한 '묵수(默守)'는 '잠잠할 묵(默)'자와 '지킬 수(守)'자로 이루어진 단어다. '무언가를 묵묵히 지키다'라는 뜻을 나타내려고 만든 단어인 것처럼 보인다. 그런데 '(말없이) 묵묵히 지키다'라고 할 때에는 일반적으로 '어려운 상황에도 불구하고 어떤 가치를 충실히 지켜나가는' 상황이 연상된다. 그러나 위 문장 속의 '묵수(默守)'가 내포하는 내용은 '시대적 요청에 맞지 않는 가치를 고집스럽게 지키려고 하는' 융통성 없음이다. 그런즉 위의 '묵수(默守)'는 그 글자들 그대로가 나타냄직한 가치와는 상반되는 문맥에 놓여 있다는 것을 알 수 있다. 뭔가 이상하다는 말이다.

위의 '묵수(默守)'가 문제가 되는 것은 이 말이 사전에 올라 있지 않은 말이라는 것이다. 글쓴이가 없는 말을 만들어 쓴 것이다. 사실 위의 문맥에 맞는 단어는 '묵수(默守)'가 아니라 '먹 묵(墨)'자를 쓰는 '묵수(墨守)'다.

'말없이 지키는 것'이 아니라 '먹이 지키는 것'이 옳다면 어리둥절할 사람이 적지 않을 것이지만, 사실이 그렇다. '묵수'는 단순한 글자의 조합으로 만들어진 어휘가 아니라 전고(典故)가 있는 성어(成語)이기 때문이다.

'묵수(墨守)'는 제자백가(諸子百家)의 한 사람으로 중국 전국

107 한국민족문화대백과 > 예술/체육 > 회화

시대 초기에 활약하였던 탁월한 사상가 묵자(墨子), 곧 묵적(墨翟)이라는 사람과 관련된 이야기에서 유래하였다. 소위 '겸애(兼愛)'라고 하여 나와 남의 구별을 뛰어넘는 사랑을 강조한 박애주의자였던 묵적은 병법에 통달한 군사전문가이기도 하였다. 그는 특히 성(城)의 방어에 뛰어난 능력을 보였다. 그래서 '묵적이 지키다'라는 뜻의 '묵수(墨守)'로써 '방어를 잘하다', '(어떤 가치를) 잘 지켜내다'라는 뜻을 나타내게 된 것이다. 물론 때로는 '완고하여 융통성 없이 기성의 가치를 고집하는 것'을 의미하기도 한다. 위 인용문의 '묵수(默守)'는 이 부정적인 의미의 '묵수(墨守)'가 들어갈 자리에 잘못 들어가 있는 것이다.

(3) 불편부당(不便不當) → 불편부당(不偏不黨)

이날 박 부의장은 기자회견 내내 격앙되고 상기된 표정으로 민주당 시당의 ***불편부당****함과 자신의 출당조처에 억울함을 드러냈고, 시당에서 최소한의 자신에 대한 소명절차도 묵살했다며 '공당'이 아닌 '사당'으로 전락했다면서 적개심을 드러냈다.*[108]

이 글은 출당 징계를 받은 어느 정치가의 반응을 보도하는 내용이다. 문맥으로 보아 굵은 글씨로 표시한 '불편부당'함은 결코 좋은 의미로 쓰인 것이 아니다. 그 조처가 '부당'하다고 판단하는 심정을 전하는 것이 분명하다.

그러나 성어로 쓰이는 '불편부당'은 한자로 '不偏不黨'이라고

108 데일리안 이○○ 기자 2010.12.24.

쓴다. 어느 한쪽으로 치우치지 않을 뿐만 아니라(불편), 특정 집단의 논리에 매몰되지 않아(부당) '객관적이고 공평'한 것을 표현하는 말이다. 한마디로 '공정하다'는 말이다. 그런 즉 문맥상 위 문장에서의 '불편부당'은 제자리를 찾지 못한 것이 분명하다. 글을 쓴 사람은 아마도 '불편부당'을 '불편(不便)하고 부당(不當)한 것'을 합친 말이라고 생각한 듯하다. 다소 난이도가 있는 성어를 자신이 알고 있는 같은 발음의 보다 더 흔한 말로 착각하여 급기야 정반대의 의미로 사용한 것인데, 간혹 어려운 말을 써서 자신을 유식하게 꾸며보겠다고 생각하는 사람이 '불편부당'을 이런 식으로 쓰는 것을 보게 되면 안타까운 마음이 먼저 생긴다.

(4) 수련(水蓮) → 수련(睡蓮)

한자를 조금 알게 되면 한자어의 뜻을 자신이 알고 있는 한자 지식으로 풀어보고 싶은 생각이 들게 마련이다. 그러한 태도가 한자어를 이해하는 데에 도움을 주기도 하지만, 너무 쉽게 생각하다가는 엉뚱한 추론으로 빠지는 경우가 생기기도 한다.

> *궁남지 서동공원의 연지(蓮池)는 13만㎡가 넘는 넓은 면적으로 홍련, 백련, 황금련 등 세 종류의 연(蓮)과 황수련, 백수련, 홍수련, 적수련, 가시연, 왜개연, 밤에피는 수련, 물양귀비, 열대수련, 부레옥잠 등의* ***수련(水蓮)****, 수생식물과 야생화가 심겨 있다.*[109]

---

109 대전일보 2010.07.16. 22면 기사(하○○ 소설가)

상당히 전문적인 지식인이 쓴 글이지만, 문제는 엉뚱한 데에서 발생했다. 굵은 글씨로 처리한 '수련(水蓮)'이 잘못되었다. 다른 것처럼 한자를 병기하지 않았더라면 문제가 되지 않았을 것이지만 친절을 베푸느라 한자를 병기하는 바람에 글쓴이가 잘못 알고 있었던 사실이 드러난 것이다.

수련은 흔히 볼 수 있는 꽃이라서 그 이름을 아는 이가 매우 많다. 그리고 그 많은 사람의 상당수가 '水蓮(수련)'으로 쓸 것이라고 생각한다. 그 꽃이 물에서 자라기 때문에 그렇게 생각하는 것도 무리가 아닐 것이다. 그런데 뒤집어 생각해보자. 연꽃 치고 물에서 자라지 않는 것이 흔하던가? 연꽃 전문 식물원에 가보면 수십 종이 넘는 연꽃들이 다 물에서 자라지 않던가? 연꽃들 간의 차이를 구분하는 데에 있어서 '물'이라는 요소는 변별력이 없다. 그렇다면 '수련'을 '水蓮'으로 쓰는 것은 뭔가 맥 빠지는 일이 아닐 수 없다. '수련'의 '수'는 다른 뜻이 되어야 변별을 주목적으로 하는 이름글자로서의 기능을 원만하게 수행하게 될 것이다.

'수련'은 한자로 '睡蓮'으로 쓴다. '잠자는 연꽃'이라는 뜻이다. 이 꽃의 생리가 정오경에 피었다가 저녁에 오므라들기 때문에, '밤에 잠을 자는 것 같다'고 해서 '잠잘 수(睡)'자를 써서 '수련(睡蓮)'이라는 이름을 붙였던 것이다. 오시(午時) 즉 정오경에 피었다가 자정 무렵인 자시(子時)에 완전히 오므린다 하여 그 꽃을 '자오련(子午蓮)'이라고도 한다.

물에서 자란다는 것은 다른 연꽃과 대비되는 수련의 특성이 될 수 없지만, 물이 많지 않은 보통의 토양에서 자라는 연꽃이 있다면 그것이야말로 특성이 될 수 있다. 그래서 크기는 매우 작지만 연잎처럼 생긴 식물로서 일반 토양에 사는 식물에는 '물이 없는 곳에서 자라는 연꽃'이란 뜻으로 '한련(旱蓮)'이라는 이름을 붙인다. '(비가 오지 않아)가물다'는 뜻을 나타내는 글자인 '한(旱)'자가 여기에서는 '물이 적은 마른 땅'이라는 뜻을 나타낸다.

(5) 영부인(領夫人) → 영부인(令夫人)

대한민국(大韓民國) 대통령(大統領) ***영부인(領夫人)****의 헤어스타일 분석(分析)*[110]

'명령(하다)'는 뜻을 가진 '영(令)'자에는 '좋다', '아름답다'라는 뜻도 있다. 그래서인지 한문에서 상대방의 가족에게 존칭을 표할 때 '영(令)'자를 쓰기도 한다. 우리말에서 상대방의 아버지를 높여서 춘부장(春府丈)이라고 할 때 중국어에서는 영존(令尊)이라고 하고, 우리말에서 상대방의 어머니를 높여 자당(慈堂)이라고 할 때, 중국어에서는 영당(令堂)이라는 말을 더 많이 쓰는 것과 같은 것이다.

박정희 정권의 권위주의 시대에는 대통령의 권위를 분식하기 위하여 그의 가족에 대한 호칭까지도 높여 부르게 했는데, 그것이 그 '영(令)'자를 붙여 부르게 했던 것이다. 필자도 초등

---

110 2005년 발행 학술논문 제목

학교 시절에 학교 게시판에 붙어 있던 대통령 가족 호칭표에서 대통령 아들을 '영식'으로 부르게 한 것을 보고서는 영문도 모르고 '걔 이름이 지만인데, 왜 영식으로 바꾸었지' 하고 마음속으로 의아해했던 적이 있었다.

영애(令愛)니 영식(令息)이니 하는 말은 상대방의 딸과 아들을 높여 부르는 말이니 그렇다고 치자. 문제는 대통령 부인의 호칭으로 정해졌던 '영부인'이라는 말에서 불거진다. '영부인(令夫人)'은 상대방의 부인을 높여 부르는 말이니 대통령 앞에서 그의 부인을 거론할 때 '영부인'이라고 하는 것은 예의에 합당한 것이 분명하다. 그런데 절대 권력을 지향하던 대통령과 그의 비위를 맞추려고 했던 측근들은 '영부인(令夫人)'만으로는 뭔가 부족함을 느꼈던지 대통령의 '령(領)'자를 따온 '영부인(領夫人)'인이라는 말을 쓰게 했던 것인데,[111] 위 인용문도 그러한 관행을 따랐을 것이다.

필요에 따라서 새로운 용어를 만드는 것은 그럴 수도 있는 일이다. 문제는 대통령의 령(領)자를 따서 그의 부인을 가리키는 이름을 짓는 것이다. 그런 명명법에 준하여 소령 · 중령 · 대령의 부인을 경의를 표해 부른다면 그들 역시 '영부인(領夫人)'이 될 것이다. 영관급이 졸지에 대통령급으로 격상되는 영광을 누릴 수도 있겠지만, 만약 당시에 정말로 그랬다면 그 장교들의 운명은 상상하고도 남음이 있다.

111 한국경제신문 홍성호 기자 말짱 글짱 <'영부인'에 담긴 우리말 수난사> 2010.05.28.

(6) 옥석구분(玉石區分) → 옥석구분(玉石俱焚)

기업인들은 "명백한 잘못이 있는 기업은 마땅한 비난을 받아야겠지만 모든 기업을 싸잡아 매도하는 것은 문제"라면서 "산업현장에서 열심히 땀 흘리는 기업들의 사기가 꺾이지 않도록 ***'옥석구분'*** *이 필요하다"고 입을 모으고 있다.*[112]

위의 글에 보이는 '옥석구분'은 네 글자로 이루어진 성어 곧 사자성어다. 사전에는 '玉石俱焚'이라고 되어 있다. '옥과 돌이 함께 탄다'는 말이다. 어떤 큰 재앙에서 '좋은 것과 나쁜 것, 또는 착한 사람과 나쁜 사람이 동시에 참화를 입는다'는 뜻이다. 그런데 위 문장에서는 그런 뜻이 들어갈 자리가 없다. '옥석 구분해가며 비난해야'라는 표현을 보건대, 위 인용문에서는 '옥석구분'을 '옥과 돌을 나눈다'라는 뜻의 '玉石區分'으로 이해한 모양이다. 결과적으로는 '불편부당'의 경우처럼 본래의 뜻과는 정반대의 뜻으로 쓰였다. '함께 타다'는 뜻의 '구분(俱焚)'보다 '구분(區分)하다'는 말이 더 흔히 쓰이고 이해하기 쉽기 때문에 이런 현상이 생겼을 것이다. 그런데 공교롭게도 '옥석(玉石)을 구분(區分)하다'라고 하는 경우는 말이 되는 것 같기도 하다.

(7) 요원한 불길 → 요원의 불길

(가) 대한민국 특유의 양당구조와 지역주의에 쓰러진 그들은 삼라만상의 신들에게 '하늘이시여!'라는 단말마를 외친 채 칩거 또

112 문화일보 민○○ 기자 · 채○○ 기자 2011.08.18.

는 와신상담 중이다. 그러나 이대로는 그들의 꿈은 ***요원한 불길*** *에 지나지 않기에 정치후진국인 대한민국에서는 어렵다는 현실이 암담할 뿐이다.*[113]

일반적으로 '확산되는 기세가 맹렬하여 막을 수 없음'이라는 뜻을 나타내는 말로 '요원(燎原)의 불길'이라는 말을 쓴다. '요원의 불길'이란 '들판을 태우는 불길'이라는 뜻이다. 건조한 날씨에 마른 초목으로 덮여 있는 들판에 불이 나면 그 기세가 매우 맹렬하여 걷잡을 수 없기 때문에 이런 표현이 나왔을 것이다.

그런데 이 인용문에서의 '요원한 불길'이라는 말은 '이루기 힘든 무엇'을 뜻하는 듯하다. '요원의 불길'을 '요원한 불길'로 단순히 변형한 것이 아니라, '요원한 불길'의 '요원'은 '아득히 멀다'는 뜻을 가진 '요원(遙遠)'을 염두에 둔 표현으로 보인다. '요원의 불길'을 '요원한 불길'로 받아들인 다음, 그 '요원한'을 '아득히 먼'이라는 뜻의 '요원한'으로 오인한 것으로 생각된다.

'요원한 불길'이라는 표현은 같지만, 이와는 다르게 쓰이는 경우가 더 많이 발견된다.

(나) 오늘과 같은 민주화 국가 건설의 뒤안길에는 수많은 민주투사들의 희생이 있었고, 그 ***요원한 불길****은 4·19혁명정신으로부터 이어졌다.*[114]

113 브레이크뉴스 정○○ 칼럼 2012.04.19.

114 한겨레 오피니언 안○○ 2011.08.24.

*(다) 아직도 정신 못 차리는 국회의원들을 보고 국민들의 질타는 **요원한 불길**을 따라 맹렬해 질 것이다.*[115]

(나)와 (다)에 보이는 '요원한 불길'은 문맥으로 보아 '요원의 불길'을 '요원한 불길'로 쓴 것이 분명하다. 물론 '요원(遙遠)한 ~'을 '요원한 불길'로 표현한 (가)와는 경우가 다르다. 그렇지만 '요원의 불길'은 숙어처럼 쓰이는 고정된 표현의 말이므로 이를 '요원한 불길'로 쓰는 것은 문제가 있다고 할 것이다.[116]

7) 두 가지 이상의 발음이 있는 한자의 오독

(1) 면앙정 → 부앙정(俛仰亭)

한자는 본래 한 글자에 하나의 발음과 하나의 뜻이 있었지

---

115 브레이크뉴스 정치칼럼니스트 양○○ 2009.01.09.

116 《표준국어대사전》 등에서는 '요원(燎原)'을 '불타고 있는 벌판'으로 번역하고 있는데, 이것은 '요(燎)'자를 수식어적 용법으로 쓴 동사로 본 것이다. 그러나 이 '요(燎)'자는 수식어로 쓰였다기보다는 '(들판을) 태우는'이라는 뜻의 동사로 쓴 것으로 보는 것이 옳은 듯하다. 그래서 '요원한 불길'이 아니라 '요원하는 불길'이라고 표현했더라면 말이 달라졌을 것이다. 한편 네이버 백과사전에서 '요원지화(燎原之火)'를 설명하여 "화톳불처럼 타들어 가는 들판의 불길이라는 뜻으로, 어떤 일이 빠른 속도로 진행되어 원상태로 회복하기 어려운 상태를 가리키는 말."이라고 했는데, 이것은 '요(燎)'자를 '화톳불'이라는 뜻으로 본 것이다. 화톳불은 이미 사람의 통제 하에 있는 불이므로 이치상 '불가항력'이라는 말을 나타내기에 역부족이다. '태우다'라는 뜻의 동사로 쓰인 '요(燎)'자를 '화톳불'이라는 뜻의 명사로 오인했기 때문이다.

만, 나중에는 한 글자가 여러 가지 뜻으로 쓰이는 경우가 많아졌고, 일부는 둘 이상의 발음을 가지게 되기도 하였다. 널리 알려져 있듯이 '樂'자는 '음악'인 경우에는 '악', '즐겁다'라는 뜻일 때에는 '락', '좋아하다'라는 뜻으로 쓰일 때에는 '요'라고 읽는 것이 그러한 경우에 해당한다. 그것은 같은 글자라도 그 쓰인 뜻에 따라서 그에 알맞은 발음을 골라서 써야 한다는 것을 의미한다. 그런데 그런 원칙이 무시되는 경우가 간혹 보인다.

'상춘곡'이라는 멋진 가사를 쓴 작가로 잘 알려져 있는 송순(宋純)선생의 호는 '면앙정(俛仰亭)'으로 알려져 있다. 그런데 '면앙정'의 '면(俛)'자는 '민면(僶俛)'처럼 '힘쓰다, 노력하다'라는 뜻으로 쓰일 때에는 '면'으로 읽지만, '(고개를) 숙이다'라는 뜻으로 쓰일 때에는 '부'라고 읽어야 된다. '부'라고 읽을 때에는 같은 발음의 '俯(부)'자와 같은 뜻으로 쓰이는 것이다.

그런데 전남 담양에 있는 그 면앙정 선생이 세웠다는 면앙정의 천정에는 중국에서도 찾아보기 힘든 멋진 3언시가 이렇게 씌어 있다.

俛有地(유지),	( ) 땅이 있고
仰有天(앙유천).	우러러 보니 하늘이 있네
亭其中(정기중),	정자가 그 가운에 있으니
興浩然(흥호연).	흥취가 크도다
招風月(초풍월),	바람과 달을 부르고
揖山川(읍산천).	산과 내를 받아들이며
扶藜杖(부여장),	명아주 지팡이 짚고서
送百年(송백년).	일생을 보내리라

일부러 '俛'자에 발음도 달지 않고 해석도 붙이지 않았지만, 문맥으로 보건대 '굽어보니' 밖에 더 들어갈 뜻이 없지 않겠는가? 그렇다면 이 '면앙정'은 당연히 '부앙정'으로 불러야 할 것이다. 이 '俛'자에 '힘쓰다' '굽어보다'라는 뜻을 아울러 싣고 있으면서도 발음만은 '면' 하나만을 올리고 있는 한자 사전도 있어서 '俛'자의 '부'라는 발음을 인정하지 않는 것이 이 글자의 한국적 용법인 것처럼 보이게 하는 것도 있지만, 적어도 본래는 그게 그런 것이 아니라는 것은 알고 있어야 할 것이다.

(2) 자산어보 → 현산어보(玆山魚譜)

정약전(丁若銓) 선생이 쓴 《자산어보(玆山魚譜)》의 우리말 발음도 문제가 된다. 《자산어보(玆山魚譜)》의 '자(玆)'자는 '이(것)'이라는 뜻으로 쓰일 때에는 '자'이지만, '검다'라는 뜻으로 쓰일 때에는 '현'으로 읽어야 하기 때문이다. 잘 알려져 있듯이 《자산어보》는 흑산도 일대의 어족에 대한 연구서다. 이 책의 이름에 '玆山'이라는 말을 썼다면, 어찌 '흑산도(黑山島)'와 관련이 없겠는가? '흑산도'의 '검을 흑(黑)' 자를 '검을 현(玆)'로 바꾸어 쓴 것이 틀림없을 것이다. 그렇다면 그 책의 이름도 응당 '현산어보'가 되어야 할 것이다. 그래서 최근에 이 책의 이름을 '현산어보'로 읽은 연구서가 나온 것[117]이 더욱 반갑게 느껴진다.

---

117 《현산어보를 찾아서》, 이태원 저, 청어람미디어 2002. 참조.

(3) 척색동물 → 척삭동물(脊索動物)

동물 분류의 한 갈래로 설정되어 있는 '척색동물(脊索動物)'이라는 것도 문제가 있는 듯하다. '척색동물'이라는 말에 들어 있는 '색(索)'은 두 가지의 발음에 여러 가지의 뜻이 있는데, 대체적으로 '노끈'이나 '새끼'라는 뜻으로 쓰일 때에는 '삭'으로 읽고, '찾다'라는 뜻으로 쓰일 때에는 '색'으로 읽는다. 그런데 '척색동물'의 '척색'을 한국과학창의재단의 인터넷 '과학용어사전'에서는 'chorda dorsalis'라고 소개하고 있는데,[118] 이 'chorda'가 '끈' 또는 '다발'이라는 의미를 가지고 있다. 그렇다면 '척색동물'도 '척삭동물'이라고 하는 것이 옳을 것이다. '척삭'과 '척색'의 두 단어를 함께 싣고서 같은 것이라고 한 사전은 두 가지를 다 인정한다는 뜻인지, 아니면 따지지 말고 대충 알아서 쓰라는 말인지 그 저의를 알기 어렵다.[119]

(4) 흘수선 → 끽수선(吃水線)

선박과 관련된 용어로 '흘수(吃水)'라는 용어가 쓰이고 있다. '흘수(吃水)'는 '선박이 잔잔한 수면에 있을 때 물속에 잠기는 깊이 또는 정도'를 뜻하는 말이다. 곧 선박의 가장 아랫부분에서 수면까지의 거리를 '흘수'라고 하는데, 선박의 적재량이 많아지

118 《신 콘사이스 韓英辭典》(동아출판사 편집부, 서울: 동아출판사, 1979.)
119 《국어대사전》(제3판 1994년 전면 개정, 이희승 편저, 민중서림.) 제3722쪽 참조.

면 흘수가 커지게 된다. 그리고 선박의 측면이 잔잔한 수면과 만나는 선은 흘수선(吃水線)이라고 한다.

그런데 '흘수(吃水)'의 '흘(吃)'은 몇몇 특별한 경우[120]를 제외하고는 '먹을 끽(喫)'자와 같이 쓰인다. 물론 오늘날 많은 글자가 간체자로 대체된 중국에서는 본래 '끽(喫)'을 써야 할 곳에도 대부분 '흘(吃)'자를 쓴다. 《한어대사전(漢語大詞典)》의 '흘수(吃水)'조에는 '끽(喫)'자가 쓰인 예문을 싣고 있는데, 그 예문의 '끽 (喫)'자가 들어 있는 부분은 다음과 같이 씌어 있다.

> 不知該夷兵船笨重(부지해이병선분중), 喫水深至數丈(끽수심지수장), ……[121]

"그 오랑캐 군함은 얼마나 육중하던지 물에 잠기는 깊이가 수십 자에 이른다."라는 뜻이다. 이 글을 쓴 사람이 청(淸)나라 말기에 활약했던 임칙서(林則徐)라고 하니, 배가 물에 잠기는 것을 나타내는 말은 본래 '끽수(喫水)'로 쓰던 것을 글쓰기의 편의 때문에 '흘수(吃水)'로 바꾸어 썼음을 짐작할 수 있다. 여기서 또 '선박이 물에 잠기는 정도'를 나타내던 말이 선박과 관련된 전문용어로 채택되었음을 알 수 있다. 《일본국어대사전(日本國語

---

120 '말을 더듬다'라는 뜻을 나타내는 경우와, 웃음소리를 나타내는 경우, 문장이 읽기 까다로운 경우 등.

121 《漢語大詞典》(漢語大詞典編輯委員會漢語大詞典編纂處, 上海:漢語大詞典出版社, 1989년 초판, 1994년 제3쇄.) 제3권 129쪽.

大辭典)》[122]에도 이 단어가 실려 있는데, '吃水'와 '喫水'를 같은 말로 취급하고 있다. 그리고 '吃' 또는 '喫'의 발음은 '차를 마시다'는 뜻의 '끽차(喫茶)'의 '喫'을 발음할 때와 같게 표기되어 있다. 이러한 정황으로 미루어 보건대 우리말에서 '흘수'라는 발음으로 통용되는 '吃水'는 '끽수'라고 읽는 것이 옳다고 해야 할 것이다.

8) 한자어를 유사하거나 같은 발음과 뜻의 한국어로 착각

(1) 무등타기 → 무동(舞童) 타기

(가) 흔들린 아기증후군 주의 예쁘다고 흔들면 아기는 까르르 웃지만, 이것은 자칫 대뇌에 충격을 주어 장애가 올 수 있다. 심지어 사망에 이르기도 한다. 아기를 업거나 ***무등*** *태우고 뛰는 행위도 절대 금물.*[123]

(나) 어린 아이를 ***무등****을 태울 때 갑자기 앞으로 확 쏠리면 기분이 어떨까요? 말도 마찬가지인 듯 합니다. 몸이 앞으로 기울면 이리저리 비틀면서 태우기를 거부할 때도 있습니다.*[124]

다른 사람의 어깨에 올라서거나 두 다리를 벌리고 앉는 것을 '무동을 타다'라고 한다. '무동을 타다'라는 말에는 '목말을 타다'

---

122 《日本國語大辭典(縮刷版)》, 日本大辭典刊行會, 日本 東京: 小學館, 1980.

123 이○○(프리랜서) 매일경제 Citylife 제271호 2011.04.05.

124 무카스미디어 박○○ ○○한의원원장 2011.03.19.

는 뜻도 들어 있는 셈이다. 옛날에 남의 어깨 위에 올라서거나 어깨를 타고 앉아 춤을 추고 노래를 하던 아이를 '무동(舞童)'이라고 불렀던 데에서 온 말이라고 한다.

위의 인용문은 모두 아기에게 목말을 태우는 상황을 언급하고 있다. 곧 '무동을 태우는 일'과 관련한 것을 말하고 있다. 그런데 두 예문에는 '무동'이라는 말이 들어갈 자리에 모두 '무등'이라는 말을 쓰고 있다. '무동'의 '동'이 '아이'라는 뜻의 '童(동)'이라는 한자에서 온 것을 모르고, 그 '동'을 사람의 신체의 일부를 나타내는 우리말로서 '동'과 발음이 비슷한 '등'으로 착각한 듯하다. 곧 '무동을 타는' 것을 '사람의 등에 타는 것'으로 오해한 것일 것이다. 그러나 '무동'을 타는 것은 '등'에 타는 것이 아니라 등에서 방향이 살짝 바뀐 목이나 어깨에 타는 것이라는 점에서 짐작이 다소 거칠었다고 해야 할 것이다.

(2) 방방곳곳 → 방방곡곡(坊坊曲曲)

특정 사안을 나타내는 한자와 우리말의 발음이 유사한 경우도 있고, 한자어를 우리말로 간주해도 의미가 크게 달라지지 않는 경우도 있다. 이런 경우에는 정확하게 배우거나 사전을 찾아 정확한 내용을 확인하지 않으면 내용을 오해하거나 틀린 문장을 만들어내기 쉽다.

*(가) 그 이야기가 있는 곳, **방방곳곳** 사극 따라 떠나는 첫 번째 여행*

을 시작해보려 합니다.[125]

*(나) 경기도 **방방곳곳**에 아름다운 우리 꽃들이 폈다.*[126]

*(다) 이 대통령은 또 "선배들 덕분에 세계 **방방 곳곳**에 삼성과 LG의 상품이 있고, 현대차 없는 곳이 없다"고 역설했다. 국회를 통과한 EU와의 자유무역협정(FTA)도 그 연장선에서 봤다.*[127]

위의 세 인용문 속에 들어 있는 '방방곳곳'이라고 한 것은 한자어 '방방곡곡(坊坊曲曲)'의 '곡곡'을 우리말의 '곳곳'으로 오해한 것이다. '사람이 사는 동네'를 나타내는 '坊(방)'자에, 주된 뜻은 '굽다' 또는 '노래'이지만 '사람이 사는 구석진 곳'을 나타내기도 하는 '曲(곡)'자를 합쳐 '사람이 사는 동네, 또는 거리'를 나타내는 '방곡(坊曲)'이라는 말이 만들어지고, 그 말의 뜻을 강조하기 위하여 글자를 중첩시킨 것이 바로 '방방곡곡(坊坊曲曲)'이다. 그리하여 '방방곡곡'의 뜻은 '(사람이 사는 곳 중에)한 군데도 빠짐없는 모든 곳'이 된다. 그런데 그 뜻은 결국 순수한 우리말인 '곳곳'과 비슷하다. 이런 까닭에 문맥상 '곳곳'과 비슷하게 쓰이는 '방방곡곡'이라는 말의 '곡곡'을 '곳곳'이라고 생각하게 되었을 것이다. 그렇다고 하더라도 '방방'이 무슨 뜻일까 하고 생각하여 사전을 한 번 찾아보았더라면 '방방곡곡'을 '방방곳곳'으로 쓰는 일은 없었을 것이다.

---

125 블로그.

126 인사이드 경기.

127 뉴데일리뉴스 선○○ 기자 2011.05.09.

(3) 배가 되다 → 배가(倍加)되다

단시간에 승리 또는 패배가 결정되는 만큼 긴장은 ***배가 될*** *수밖에 없다.*[128]

이 인용문은 문제가 없다고 할 수 있을지도 모른다. 그렇지만 굵은 글씨로 된 부분 '배가 될'에는 좀 이상한 낌새가 있다. 긴장이 꼭 '두 배로 늘어난다'고 말하는 것처럼 보이기 때문이다. 만약 그처럼 양을 정확하게 계량할 요량이라면 '두 배가 될'이라고 하는 것이 더 좋았을 것이다. 그런데 문맥은 대략적으로 '크게 늘어난다'는 사실을 말하고자 하는 것이 분명하다. 그렇다면 이 '배가 될'은 '배가될'로 고치는 것이 좋을 것이다. 한자로 '倍加'라고 쓰는 '배가'의 원래 뜻도 '갑절로 늘어난다'는 뜻이지만, 통상적으로 '훨씬 많이'라는 뜻으로 쓰이기 때문이다. '더하다'는 뜻의 '가(加)'와 주격조사인 '가'는 전혀 다른 말이지만, 이와 같은 경우에는 공교롭게도 구분이 쉽지 않아 혼동을 일으킬 만하다. 그래도 이 말들의 관계를 이해하고 쓰는 것과 그렇지 않은 것은 분명 차이가 있다고 할 것이다.

(4) 풍지박살 → 풍비박산(風飛雹散)

'풍비박산(風飛雹散)'이라는 말이 있다. 글자의 뜻을 새겨보면 '바람이 날리고 우박이 흩어진다'는 말이다. 그래서 질서 있게

---

128 Chosun.com 안○○ 인턴기자 2010.11.11.

정돈되어 있던 집합체가 어떤 원인에 의해 어지럽게 흩어지는 상황을 형용할 때 이 '풍비박산'이라는 말을 흔히 쓴다. 다음 인용문 중의 굵은 글씨체로 표기한 부분도 '풍비박산'이라는 말이 들어갔더라면 그럴듯했을 것이다.

> *"한 번도 아닌 숱한 바람으로 가정을* ***풍지박살****내놓고 일말의 죄책감도 느끼지 않는 파렴치한 인물이다"고 폭로한 바 있다.*[129]

문맥상 '풍비박산'이라는 뜻을 살려 쓰려고 한 것이 분명하지만 정작 글쓴이는 그와 유사한 발음이지만 사전에 등재되어 있지 않은 말인 '풍지박살'이라는 말을 사용하였다. 추측컨대 '풍비박산'이라는 말이 '풍지박산'으로 오인되었다가 급기야 '풍지박살'로 변모된 것으로 보인다. '풍비박산'이라는 말이 나타내는 상황이 '깨어져 조각조각 부서지는 것'을 나타내는 우리말 '박살'과 유사하고 발음 역시 비슷하므로 '박산'을 '박살'로 오인하게 되었을 것이다.

(5) 홀홀단신 → 혈혈단신(孑孑單身)

> ***홀홀단신*** *제주도 스쿠터 여행*[130]

일상생활에서 간혹 들을 수 있는 말이다. 그런데 위 인용문

129 마이데일리 이○○ 기자 2011.03.14.
130 블로그.

중의 '홀홀단신'이라는 말은 사전에 올라 있지 않다. 근거가 없는 잘못 쓰인 말일 가능성이 높다는 것이다. 그런데 이 말의 발음과 그것이 쓰인 문맥을 고려해보면 이 말이 '혈혈단신(孑孑單身)'의 잘못임을 알아낼 수 있다.

'혈혈단신(孑孑單身)'이라는 성어 이외에는 거의 쓰이지 않는 '혈(孑)'자는 '(겨우)하나'라는 뜻을 가지고 있다. 그래서 '혈혈단신'은 '의지할 데 없는 홀몸'이라는 뜻을 나타낸다. 위의 인용문은 '동반자 없이 혼자서' 떠난 여행에 관한 것이므로, '홀홀단신'이 아니라 '혈혈단신'이라고 하였다면 적절한 문맥을 만들었을 것이다. '혈혈단신'이 '홀홀단신'으로 둔갑한 것은 '짝이 없이 하나 뿐'이라는 뜻의 우리말 '홀'이 한자 '혈(孑)과 발음과 뜻에서 모두 유사한 까닭에 오인하였기 때문일 것이다.

9) 순수한 한국어를 같거나 유사한 발음의 한자어로 착각

(1) 거리(距離) → 거리

최근 개통한 분당선 지하철 압구정로데오역의 승강장에는 압구정로데오역 주변 안내지도와 관련 안내문이 붙어 있고, 거기에는 우리말과 영어와 한자가 병기되어 있었다. 수년 전에 가로 표지판에 압구정의 '압'자를 '친압할 압(狎)'자가 아니라 '누를 압(押)'자로 쓰고, 압구정의 '정'자를 '정자 정(亭)'자가 아닌 '머무를 정(停)'자로 써놓았던 것을 본 적이 있던 필자는 그 두 글자가 제대로 씌어 있는 것을 보고 일단 안도하였다. 그러나 그 안도

감은 잠깐이었고 필자는 금세 깜짝 놀라고 말았다. '청담문화거리'를 '淸潭文化距離'라고 표기해 놓은 것이 눈에 들어왔기 때문이었다. '청담문화거리'의 '거리'는 '길거리'라는 뜻의 순수한 우리말인데, 그것을 '두 곳 사이의 떨어진 정도'를 뜻하는 한자어 '距離(거리)'로 표기하였으니 어찌 놀라지 않겠는가?

그 뿐만이 아니었다. '압구정우편취급국'을 '狎鷗亭郵便取扱國'으로 표기하여 놓았다. 어떤 기관이나 조직의 특정 단위를 나타내는 '국'을 '局'이 아니라 '나라 국(國)'자로 표기하여 놓은 것이다. 한자가 의미하는 뜻 그대로라면 화살표가 지시하는 방향으로 가면 '우편물을 취급하는 나라'가 있다는 말이 아닌가? 서울 안에 어떤 나라가 있다는 말이 아닌가? 이 얼마나 어이없는 일인가? 멋지고 편리하게 잘 지어놓은 새 역사 안에서 그런 황당한 한자어 표기들을 보면서 난감하기 짝이 없었다.

상식적으로 생각해보면 지하철을 운영할 정도의 큰 단체에서 대중에게 공표하는 문건의 작성을 담당하는 사람이라면 상당한 수준의 교육을 받은 사람이라고 짐작할 수 있다. 그렇지만 저 정도의 심각한 오류가 들어 있는 문건을 틀린 줄도 모르고 만들어 붙였다면, 문건을 만든 그 사람은 다른 부분은 몰라도 한자어의 운용에 있어서는 초보 수준을 제대로 벗어나지 못했다고 할 수밖에 없다. 그렇지만 이 문제는 그 문건을 작성한 그 한 사람의 무지만을 탓할 것이 아니다. 그 정도 수준의 사람에게 태연하게 일을 맡길 수 있는 조직 전체의 문제이기 때문이다. 그 정도 영향력 있는 문건을 만들 때에는 적어도 한자와 한자어에 정통한 사람에게 자문을 구하여 오류가 없게 했어야 할 것이었는데도 안이하게 일을 처리하여 오고가는 식자들로 하여금 실소를 머금게 하는 것은 실로 한심한 일이다. 정말 심각한 일이 아닐 수 없다.

두 번째 교정지를 기다리다가 이 항목의 글을 보충해 쓰면서 필자는 우리말을 올바르게 가다듬기 위해서는 정규 교육과정에서 한자 및 한자어 교육을 강화해야 할 뿐만 아니라, 한 단계 더 나아가 보다 적극적인 조치가 강구되어야 한다는 생각을 하게 된다. 곧 대중에게 공표하는 문건을 만들 필요가 있는 일정 규모 이상의 기관이나 조직에서는 한자와 한문에 조예가 깊은 사람을 고용하여 문건의 작성이나 검토를 전담케 해야 할 필요가 있다는 것이다. 그렇게 하기 어렵다면 대중에게 공표하는 문건의 교열 업무를 전담하는 기구를 설치하고 어떤 기관이나 조직에서 대중을 상대하는 문건을 작성할 때에는 반드시 그 기관의 감수를 받게 하는 제도적 장치 정도는 만들 필요가 있을 것이다.

(2) 부득불(不得不) → 부득부득

남편이 저 청바지를 늘 입고 다녀요. 무릎도 해지고 낡아서 오늘 만큼은 제발 입고 나가지 말라고 그렇게 말렸는데 ***부득불*** *입고 나왔네요.*[131]

위 인용문은 미모의 유명 여배우가 정치인인 남편의 출판기

131 중앙일보 조○○ 기자 2012.01.08.

념회에 참석하여 평소에 청바지를 즐겨 입는 남편의 옷차림에 대하여 언급한 것이다. 형편이 어려워서 단벌신사로 지내는 사람이 아니라는 것이 분명한 상황이다. 그러므로 이 글 속에 보이는 '부득불'은 문맥상 '굳이 고집을 부려서'라는 뜻으로 쓰인 것이 분명하다. 그런데 부득불은 한자어로 '不得不'로 쓴다. 이 '부득불'의 '득(得)'은 본래 '얻는다'라는 뜻이지만 여기서는 '~을 할 수 있다'는 뜻을 나타낸다. '능할 능(能)'자와 같은 뜻으로 쓰이는 것이다. 그런즉 '부득불(不得不)'이라는 말은 '~을 하지 않을 수 없다'라는 뜻을 나타낸다. 그러므로 '부득불'의 이 뜻을 위 인용문에 대입한다면 "무릎도 해지고 낡아서 오늘 만큼은 제발 입고 나가지 말라고 그렇게 말렸는데 입고 나오지 않을 수 없었네요."가 된다. 굳이 고집을 부려서 청바지를 입고 나온 상황과는 전혀 다른 진술이 된다. 위 인용문을 상황에 맞는 내용으로 고치려면 '부득불'의 자리에 '억지를 부려 자기 생각대로만 하려고 하는' 상황을 나타내는 우리말 부사어 '부득부득'이라는 말을 대신 넣으면 원만하게 해결된다. 순수한 우리말 '부득부득'과 한자어 '부득불'의 발음이 유사한 데에서 착각을 일으켰거나, 평소 부주의해서 두 단어의 차이를 정확하게 파악하고 있지 못한 데에서 나온 잘못일 것이다.

(3) 신음(呻吟)하다 → 시름하다(시름에 잠기다)

*부인을 잃고 **신음**하던 임씨는 지난 2007년 5월 경기 수원시 인계동 유흥주점에서 접대부로 일하던 지모씨(당시 26·여)를 처음 만나 2009년 10월까지 교제했다.*[132]

모두 '끙끙거리다'라는 뜻이 있는 '신(呻)'과 '음(吟)'이라는 글자로 이루어진 '신음'이라는 말은 '병이나 고통으로 앓는 소리를 내는 것'을 말한다. 사랑하던 부인을 잃었으니 심적인 고통은 있겠지만 그렇다고 끙끙거리는 경우는 별로 없을 것이다. 그보다는 아마도 큰 상실감에 의욕을 잃고 근심 걱정에 싸여 있는 것이 사랑하는 부인을 잃은 남편의 일반적인 모습일 것이다. 그렇다면 위 인용문의 '신음'은 "마음에 걸려 풀리지 않고 항상 남아 있는 근심과 걱정"[133]을 뜻하는 우리말 '시름'을 잘못 쓴 것일 가능성이 높다. 그래도 '시름하던'보다는 '시름에 잠겨 있던'이라고 하는 것이 더 무난한 표현인 듯하다.

(4) 절단(切斷) → 결딴

*(가) 김포팔경중 하나인 걸포송림이 처참하게 **절단**났어요.*[134]

(나) 그는 "노 전 대통령이 서거하지 않으셨다면 정치의 길을 가지

132 뉴시스 2011.02.05, 매일경제 2011.02.05, 뉴데일리 2011.02.06.

133 국립국어원《표준국어대사전》

134 네이버 카페(녹색○○실천협의회)

않았을 것이고, 노 대통령님도 저더러 정치하라고 하지 않았을 것"이라며 "저로선 피하고 싶었던 길이었지만, 그만큼 상황이 절박하다"고 말했다. 또 "이 정부 들어서 전부 다 무너졌다"며 "이런 정치가 계속된다면 우리나라가 ***절단*** *나겠다, 그런 상황이 너무 절박했다"고 강조했다.*[135]

(나)는 유명 정치인의 텔레비전 출연과 관련된 기사의 일부분인데, 인용문 부분은 주로 그가 정치에 참여한 이유를 해명한 것이다.

굵은 글씨체로 표시한 '절단'은 보통 '자르다' 또는 '끊다'라는 뜻으로 쓴다. 한자로 '切斷' 또는 '截斷'으로 쓰는데, '구부려서 끊다'라는 뜻으로 쓸 때에는 '折斷'으로 쓴다. 그런데 위의 '절단 나겠다'의 '절단'은 전혀 그런 뜻으로 쓰이지 않았다. 문맥으로 보아 '형편없이 망가지다'라는 뜻에 가까운 것이 분명하다. 그렇다면 이 글에서의 '절단'은 한자어 냄새를 풍기는 '절단'이 아니라 순수한 우리말인 '결딴'으로 바꾸는 것이 옳다. '일이나 물건이 아주 망그러져서 도무지 손을 쓸 수 없게 된 상태가 되는 것'을 '결딴(이) 나다'라고 하기 때문이다.

구개음화 현상이 심한 경상도 방언에서는 '결딴'이 '절딴'으로 발음되는 경우가 흔히 있어서 그렇게 발음되고 표기되었을 수도 있다. 그러나 (가)의 경우를 보면 꼭 그런 것만도 아니다. 순수한 우리말을 한자어로 착각하여 사용하였다는 혐의가 뚜렷하다.

---

135 프레시안 선○○ 기자 2012.01.10.

03 발음과도 관련이 있으나 주로 뜻과 관련된 한자어의 오남용

1) 유사한 발음의 다른 어휘로 오해

유추는 인간의 중요한 인식 방식이다. 기존에 알고 있는 지식을 근거로 하여 그것과 유사하고 다른 점을 파악해가면서 지식을 늘려간다. 그런데 그런 유추가 때로는 엉뚱한 결과를 낳기도 하는데, 우리말에서의 한자어 사용에서도 그런 현상을 발견할 수 있다.

(1) 기관질 → 기관지(氣管支)

> *연구 결과 흡연을 하지만 고강도의 신체 활동을 하는 사람들에게서 **기관질** 확장성이나 폐기종, 천식 같은 만성폐쇄성폐질환의 발병이 21%나 감소했습니다.*[136]

'질(疾)'이라는 말은 병의 이름에 자주 붙는다. 한자 '질(疾)'에도 '병(病)'과 같은 뜻이 있기 때문이다. 예컨대 '치질(痔疾)', '학질(瘧疾)', '간질(癎疾)' 등이 그러하다. 이에서 유추해서 위 인용문

136 ○○○뉴스 2007.07.03.

에서 보는 것처럼 신체 기관의 하나인 기관지(氣管支)를 '기관질' 이라고 잘못 말하는 이들이 간혹 있다. 대개 기관지를 언급할 경우 기관지와 관련된 병을 거론하는 것이 많으므로, '기관지'의 '지'는 병을 나타내는 말인 '질(疾)'일 것이라고 유추하여 그렇게 발음하는 것으로 생각된다. 그래서인지 '아버지가 기관질이 안 좋아서……' 등과 같은 말을 흔히 들을 수 있다.

(2) 내졸증 → 뇌졸중(腦卒中)

*2년전 **뇌졸증**으로 활동을 중단해야 했던 조덕배는 최근 들어 그의 노래가 MBC '나는 가수다'를 비롯해 KBS '탑밴드' 등 서바이벌 프로그램에서 후배 가수들의 단골 미션곡으로 등장하면서 화제를 모았다.*[137]

몸의 이상 상태나 병을 일컫는 말 중에는 '증(症)'이라는 말이 들어가는 것이 꽤 많다. 무언가를 쉽게 잊어버리는 증세를 '건망증(健忘症)'이라고 하고, 밤에 사물을 식별하는 능력이 보통 사람보다 현저히 떨어지는 증세를 '밤에 장님이 된다는 뜻'의 '야맹증(夜盲症)'이라고 하고, 오줌을 가릴 나이가 되었는데도 어떤 장애에 의하여 밤에 오줌을 지리는 증세를 '야뇨증(夜尿症)'이라고 하는 것 등이 그러한 것이다. 그래서 무슨 '증'이라고 하면 무슨 '병'을 연상하기 쉽다.

위의 인용문에 나오는 '뇌졸증'은 인터넷 상에서 흔히 찾아볼

137 마이데일리 배○○ 기자 11.09.30.

수 있는 말인데, 이 '뇌졸중'은 사실 '뇌졸중(腦卒中)'의 잘못이다. 병 이름 중에 '중'자가 들어가는 경우를 접하기 어렵다 보니 병인 것만은 분명한 '뇌졸중'의 '중'을 병을 일컫는 말인 '증(症)'일 것이라고 유추하여 '뇌졸증'이라고 쓴 것이 분명하다.

(3) 동거동락 → 동고동락(同苦同樂)

*(가) 가족처럼 **동거동락**한 스탠다드권총팀 아픔 딛고 '금빛 총성'* [138]

*(나) 이휘재, 십 수년간 **동거동락**한 매니저 못 놔주는 속사정은?* [139]

위 인용문의 굵은 글씨로 표시한 '동거동락'은 사전에 올라 있지 않은 말이다. '동거동락'과 비슷한 발음의 사자성어로는 '동고동락(同苦同樂)'이라는 말이 있다. '고통과 즐거움을 함께 한다'라는 말이다. 물론 그 속에는 '공간과 시간을 같이 하다'라는 뜻이 전제되어 있다고 볼 수 있다.

'같이 지내다'라는 뜻의 '동거(同居)'라는 말은 아주 흔히 쓰이는 말이다. '동고동락'이 구체적으로 무슨 뜻인지 모르면서 그 말이 쓰이는 문맥에서 '같이 지낸다'라는 의미를 읽어낸 다음 흔히 들어보지 못했던 '동고'를 그와 발음이 비슷한 '동거'로 짐작하여 마침내 '동거동락'이라는 족보에도 없는 성어를 만들어 내었을 것이다.

---

138 hankooki.com 김○○ 기자

139 일간스포츠 2011.01.20.

어쩌면 '동거동락'이라는 방송 예능 프로그램이 이 말의 유통에 일정한 책임이 있을 수 있다. '일박이일'이라는 프로 덕분에 '보끌복'이 '복불복'으로 바로잡힌 경우를 보면, 방송 때문에 '동고동락'이 '동거동락'으로 오인될 가능성은 충분하다고 본다. 국어에 대한 방송의 책임은 막중하다고 할 것이다.

(4) 염치불구 → 염치불고(廉恥不顧)

*(가) '패션왕' 신세경, 오갈 때 없게 되자 **'염치불구'** 이제훈 찾아가*[140]

*(나) 빅뱅 "컴백 시기상조? **염치 불구** 좋게 봐주셨으면"*[141]

*(다) 그 중에서도 '향미'는 연남동의 명성을 이어받아 단골손님 많기로 유명한 곳 중 하나다. 특히 이곳의 마늘꽃게튀김은 언제나 **염치불구** 소매 걷어 부치고 뜯어 먹을 만큼 바삭하고 속이 꽉 찬 맛이 일품이다.*[142]

국립국어원의 《표준국어대사전》에는 위의 세 인용문에 보이는 '염치불구'나 '염치 불구'라는 말이 올라 있지 않다. 그리고 '불구(不拘)하다'라는 말에 대하여는 "'-에도/-음에도 불구하고' 구성으로 쓰여('-음에도' 대신에 '-ㄴ데도'가 쓰이기도 한다) 얽매여 거리끼지 아니하다."라는 설명을 달고 있다.

---

140 엑스포츠뉴스 방송연예팀 이○○ 기자 2012.03.20.

141 조이뉴스 이○○기자 2012.03.02.

142 꼬꼬마(여행작가, 체크인 서울 테이크 아웃 1박2일 저자) 매일경제 Citylife 제321호(2012.04.03) 2012.03.28.

(라) 하지만 구혜선은 밤샘 시험공부 중임에도 ***불구하고*** *상큼한 외모가 빛을 발하는 셀카를 남겨 눈길을 끌고 있다.*[143]

'불구하다'라는 말은 이 (라)의 경우처럼 써야 한다는 말이다. 그러므로 앞의 세 인용문에 쓰인 '염치 불구'나 '염치불구'는 잘못 쓰인 경우라고 해야 한다. 그런데 이 '염치불구'와 '염치 불구'를 '염치불고'나 '염치 불고'로 바꾸어 쓰면 사정이 달라진다. '염치를 돌아보지 않고'라는 뜻이 되므로 문맥상 문제가 없게 된다. 그러므로 앞의 세 인용문에 쓰인 '염치불구'나 '염치 불구'는 '염치불고' 또는 '염치 불고'의 잘못임을 알 수 있다.[144]

'불구'와 '불고'는 발음이 비슷한데다 '얽매여 거리끼지 아니하다'라는 '불구'의 뜻과 '돌아보지 않다'라는 '불고'의 뜻도 어떻게 보면 유사한 일면이 있어서 무척 혼동하기 쉽게 보인다. 그러나 '불구'는 '일반적인 경우에는 잘 어울리지 않는 상황이 앞뒤로 이어지는 것'을 나타내고, '불고'는 '소중한 가치를 내팽개치고'라는 어감을 담고 있기 때문에 이 둘은 마땅히 구분하여 사용해야 한다.

---

143 맥스무비 권○○ 기자 2012.04.22.

144 그런데 국립국어원의 《표준국어대사전》에는 '염치 불고'와 '염치불고'는 올리지 않았고, '불고염치'라는 한문투의 말만 올려놓고 있다. 그런데 '불고염치'가 가능하다면 우리말의 어순으로 바꾼 '염치를 불고하고'도 가능할 것이고, '염치를 불고하고'가 가능하다면 그 줄임말인 '염치불고'도 안 될 이유가 없을 것이다.

(5) 해장국 → 해정국(解醒국)

*우리는 술을 마신 뒤 과음으로 쓰리고 막힌 속을 풀어주기 위해 **해장국**을 많이 찾는다. 그런데 어떤 사람은 담백한 국이 좋다는 반면, 얼큰한 국물을 먹고 땀을 뻘뻘 흘려야 비로소 속이 풀린다는 사람도 있다. 예로부터 내려오는 **해장국**만도 전통국밥부터 시작해 콩나물**해장국**, 우거지**해장국**, 북엇국, 선지**해장국**, 다슬깃국 등 손에 꼽기 힘들 만큼 많다. 과연 어떤 **해장국**이 숙취 해소에 가장 효과적일까?*[145]

위의 인용문처럼 술을 많이 마신 다음에 술독을 달래기 위해서 먹는 음식을 우리는 흔히 '해장국'이라고 한다. 그런데 국어사전에는 '해장국'이라는 말을 싣고서, '해장국의 본딧말은 해정국(解醒국)'이라는 설명을 덧붙이고 있다.[146] "'술병 정(醒)' 즉 '술을 먹어서 생긴 이상 상태'를 해소하기 위해서 먹는 국"이라는 뜻으로 만들어진 말일 것이다.

그런데 '해정국'의 '정'자가 술 때문에 쓰리고 거북한 '장'을 연상시킴으로써 술 때문에 '맺힌 장(腸)을 풀기 위해서 먹는 국'이라는 뜻으로 이해하여 '해장국'이라고 하였고,[147] 그것이 마침내 위의 인용문처럼 사람들에게 널리 퍼진 것이라 생각된다. 그렇지만 필자의 경험으로는 과음 후에 장이 거북한 것보다 머리가

---

145 동아닷컴 이○○ 신세계백화점 상품과학연구소장 2012.03.03.

146 국립국어원《표준국어대사전》(인터넷)

147 위《표준국어대사전》에서도 "전날의 술기운으로 거북한 속을 풀기 위하여 먹는 국"이라는 해설을 붙이고 있다.

불편한 경우가 많았다. 필자 같은 사람은 해장국이 아니라 해뇌국이나 해두국을 만들어 먹어야 하는 것이 아닐까? '해장국'이라는 말이 문제가 있다는 말이다.

2) 같은 발음의 유사한 어휘와 혼동

한자는 그 숫자가 많은 것에 비해 발음의 수는 그다지 많지 않으므로 비슷한 발음에 비슷한 뜻을 가진 것이 적지 않다. 그리하여 두 글자 이상을 조합하여 만든 어휘 중에는 발음이 같고 그 뜻도 비슷한 부분이 있는 것들이 간혹 있다. 이러한 어휘들을 정확하게 구분해서 적절하게 쓰는 것은 결코 쉬운 일이 아니지만, 정확한 뜻의 전달을 위해서는 올바르게 쓰려고 노력할 필요가 있다.

(1) 원림(園林)과 원림(苑林)

전라남도 담양에는 한국 전통 정원의 전형을 보여주는 소쇄원(瀟灑園)과 소박한 운치가 감도는 명옥헌(鳴玉軒) 같은 원림이 있다. 그런데 이 '원림'을 한자어로 표기한 것을 보면 '園林(원림)'이라고 쓴 것도 있고 '苑林(원림)'이라고 한 것도 있다. 두 가지 다 수풀이 있는 정원을 나타내는 말이다. 그렇지만 이 둘에는 차이가 있다.

보통의 숲이 있는 정원은 '園林(원림)'이라고 표기하는 것이 맞지만, '苑林(원림)'이 되려면 따로 자격을 갖추어야 한다. 황제나 제후가 소유한 원림(園林)만을 '원림(苑林)'이라고 하기 때문이다. 그래서 모양이 예쁘고 귀한 수목을 식재해서 아름다움을 추구할 뿐만 아니라 관상용 동물까지 키우면서 품위를 더하기도 하는 '원림(苑林)'은 '원림(園林)' 중의 귀족이라고 할 수 있다. 따라서 조선 왕의 정원이었던 비원(秘苑)은 글자 그대로 '원림(苑林)'이 될 수 있지만, 일반 사대부가 만든 정원인 소쇄원이나 명옥헌을 '원림(苑林)'이라고 하는 것은 옳지 않다. 이들을 '원림(苑林)'이라고 소개한 일부 책자와 안내판의 글은 '원림(園林)'으로 고쳐야 한다. 문화재청에서 개설한 인터넷 홈페이지의 '문화유산정보'와 네이버 백과사전 등에서 명옥헌을 "담양 명옥헌 원림 (潭陽 鳴玉軒 苑林)"이라는 이름으로 소개하고 있는 것은 "담양 명옥헌 원림 (潭陽 鳴玉軒 園林)"으로 고치는 것이 마땅할 것이다.[148]

(2) 장관급(長官級)과 장관급(將官級)

*장군은 **장관급** 공무원입니다. 급수로 따지면 1급입니다. 대령이 시장급 공무원인 걸 감안하면 어느 정도인지 알 것입니다.*[149]

위 인용문 속의 '장관급'은 '장관급(長官級)'을 말하는 것인지

---

148 인터넷상에서 검색해보면 대체로 소쇄원(瀟灑園)은 그대로 '원림(園林)'이라고 소개하는 데에 대하여 유독 명옥헌(鳴玉軒)만은 '원림(苑林)'이라고 표기하는데, 그 이유를 알지 못하겠다.

149 네이버 지식 in 2004.05.09.

'장관급(將官級)'을 말하는 것인지 언뜻 분명하지 않아 보이지만, 시장급과 대비되는 장관급이라면 '장관급(長官級)'을 말하는 것이 분명하다. 그러나 그 장관급(長官級)은 발음이 같은 연유로 장관급(將官級)을 잘못 이해한 것이다. 소위(少尉)·중위(中尉)·대위(大尉)를 묶어서 위관(尉官)이라고 하고, 소령(少領)·중령(中領)·대령(大領)을 묶어서 영관(領官)이라고 하고, 준장(准將)·소장(少將)·중장(中將)·대장(大將)을 묶어서 장관(將官)이라고 하기 때문이다.

필자도 언젠가 군인들은 계급보다 높은 대우를 받아서 장관급 군인들이 한둘이 아니라고 하는 이야기를 들은 적이 있다. 분단국가인데다 군사정권의 역사가 오래여서 군인을 그렇게 우대하는가 보다 했다가 곰곰이 그 말을 되새겨보았더니 그게 그런 것이 아니었다. 그가 말한 군인들 중에 많다는 '장관급'은 '將官級(장관급)'인데, 그것을 같은 발음의 '長官級(장관급)'으로 오해하여 그런 해석을 하였던 것이다. 당시에 정말 그런 줄 알고 미처 몰랐던 사실을 새로이 알게 된 것인 양 신기해했던 일이 새삼 우습다.

04 주로 한자의 뜻과 관련된 한자어의 오남용

한자는 숫자가 많아 어지간한 글자는 그 발음을 알기도 힘들거니와 그 뜻은 더욱 알기 어렵다. 한자어 어휘가 가지고 있는 정확한 뜻을 파악하고 있지 않은 상태에서 귀동냥한 어휘 실력으로 한자어를 쓰다 보면 엉뚱한 표현을 하기 십상이다. 어휘 자체에 이미 드러나 있는 능동과 피동을 구분하지 못하는 경우, 대상에 대한 특정한 방향성을 함축하고 있는 어휘의 부적절한 사용, 범주가 제한된 개념의 확대 사용, 애초에 글자의 뜻을 잘못 이해해서 생기는 오류 등 한자의 뜻을 정확하게 알고 있지 못해서 생기는 한자어의 부적절한 사용 등이 눈에 띈다.

1) 피동의 표지에 대한 무지

피동(被動)의 의미를 나타내는 한자어에는 대개 피동을 나타내는 표지가 선명하게 드러나 있다. 바로 '피동'의 그 '피(被)'자가 들어 있는 것이다. 그런데도 불구하고 그것을 엉뚱하게 쓰는 경우를 어렵지 않게 발견할 수 있다.

(1) 피랍

(가) 18일 오후 8시 삼호주얼리호를 납치한 해적이 5노티컬마일(1 노티컬마일=1.8㎞) 떨어진 해상에서 항해 중이던 몽골 선박을 추가 ***피랍****하기 위해 해적 자선을 하선한 것이다.*[150]

(나) 삼호주얼리호를 ***피랍****했던 소말리아 해적을 소탕한 청해부대의 지휘관인 안병주 소령이 제주출신인 것으로 확인됐다.*[151]

(다) 합동참모본부 관계자는 22일 "21일 오후 2시 56분(한국시각) 삼호주얼리호를 ***피랍****했던 해적 13명을 완전 제압하고 우리 선원 8명을 비롯한 미얀마 11명, 인도네시아 2명 등 선원21명을 모두 구출했다"고 말했다.*[152]

(라) 다만 우리 국민과 국적선을 ***피랍****하고 선장에게 총격을 가하는 등 중대 범죄행위가 발생했기 때문에 이에 대한 범죄가담 여부를 가리는게 우선이다.*[153]

삼호주얼리호의 피랍과 구출에 이르는 일련의 사건들은 사안이 사안인 만큼 세인들의 큰 관심을 끌었다. 그런 분위기에 편승하여 언론 매체의 보도는 세상을 떠들썩하게 하는 데에 열을 올리고 있었다. 그때 인터넷 매체에 게재되었던 글 속에는 위와 같은 문장들이 들어 있었다. 이 문장들에서는 '피랍(被拉)'

---

150 mk뉴스 임○○ 기자 2011.01.21.

151 SBS 뉴스화면 캡쳐 ⓒ제주의소리 김○○ 기자 2011.01.23.

152 아시아경제 양○○ 기자 2011.01.22.

153 노컷뉴스 김○○ 기자 2011.02.01.

이라는 말 속에 피동을 나타내는 '피(被)'자가 들어 있음에도 불구하고 보는 바와 같이 이 어휘를 능동의 의미로 사용하고 있다. 보아하니 이 글들을 쓴 사람들은 모두 글을 쓰는 것으로써 밥벌이를 하고 있는 것이 분명한데도 하나같이 '피랍'을 능동의 의미로 사용하고 있는 것에 경악을 금하기 어렵다. 위 인용문에 쓰인 '피랍'은 모두 '납치(拉致)' 또는 '나포(拿捕)'라는 단어로 바꿔 써야 할 것이다.

(2) 피살 · 피격

'피랍'과 같은 성격인 '피살', '피격' 등이 능동의 의미로 사용된 경우도 발견된다.

(가) 박 전 대통령의 부인인 고 육영수 여사는 1974년 8월15일 광복절 경축 기념식장에서 재일동포인 문세광에 의해 저격됐다. 당시 박 전 대통령은 몸을 연단 뒤로 신속하게 숨겨 가까스로 총탄을 피했으나, 의자에 앉아 있던 영부인은 문세광의 총탄을 피하지 못했다. 육 여사를 ***피살****한 문세광은 이후 "일본 조총련에 속았다. 나는 바보였다. 미안하다"며 속죄의 눈물을 흘리며 형장의 이슬로 사라졌다.*[154]

(나) IISS는 이번 보고서를 통해 북한에서 현재 진행 중인 3대 권력세습에 대해 '절박하면서도 불확실하다'고 진단했다. 또 작년 3월에 있었던 천안함 ***피격*** *도발과 11월에 발생한 연평도 도발이*

154 헤럴드경제 헤럴드생생뉴스 2011.09.07.

승계 과정에서 발생한 '명백한 공격'이라고 분석했다.[155]

(다) 보고서는 "두 차례 핵실험을 한 북한은 현재 핵탄두 4~8개를 만들 수 있는 플루토늄을 보유하고 있다"면서, "북한이 절박하고도 불확실해보이는 권력 승계를 진행하고 있는 상황에서 지난해 천안함 ***피격****과 연평도 포격 같은 명명백백한 공격이 발생했다"고 했다.*[156]

(가)의 경우 행위의 주체는 '죽임을 당한' 육여사가 아니라 '죽인' 문세광이므로 '피살'은 '살해(殺害)'나 '시해(弑害)'로 바꾸어야 한다. (나)와 (다)의 경우 역시 행위의 주체를 북한으로 간주한 것이므로 '피격(被擊)'은 '공격(攻擊)' 또는 '폭침(爆沈)' 등으로 바꾸는 것이 옳다.

(3) 피인수

현대건설 한 직원은 "사실 지난해 딸을 낳으면서 좀 더 큰 차를 사기 위해 알아보다가 현대차그룹으로 ***피인수되면*** *그룹사 할인이 가능할 것이란 얘기를 듣고 (불편하지만) 기다리고 있다"고 전했다.*[157]

이 경우에는 '인수되다'의 '되다'에 이미 피동의 의미가 들어 있음에도 불구하고 또 '피'자를 덧붙여서 결과적으로 어색한 말

155 뉴스한국 사회 이○○ 기자 2011.03.09.

156 조선일보 & Chosun.com 정○○ 기자 2011.03.09.

157 아시아경제 김○○ 기자 2011.02.28.

이 되게 하였다. 글쓴이가 한자말을 한 마디 더 붙이면 고상해 보인다고 생각하여 무리수를 둔 것은 아닌지 모르겠다.

이와 같이 우리 사회에는 피동의 표지가 분명히 들어 있는 어휘조차 분간하여 쓰지 못하는 지식인들이 적지 않다. 그것은 우리말의 과반 이상이 한자어로 되어 있지만 그 한자어는 끝내 순수한 우리말과는 결이 다르다는 사실을 분명하게 보여주는 것이다. 그렇기 때문에 한자어를 배제하고서는 존립하기 어려운 우리말의 현실을 고려하여 정규 교육 과정에서 한자어에 대한 교육을 좀 더 충실히 할 필요가 있다는 것은 너무나도 당연한 요청일 것이다.

(4) 가격 · 납치 · 살해

그런가 하면 정작 피동을 나타내는 '피'자가 들어가는 말을 써야 할 경우에 그렇게 하지 않아 그 뜻이 반대가 되게 한 경우도 보이는데, 기사의 제목에 그런 경우가 많은 듯하다.

*(가) 박지성 얼굴 **가격** 투혼*[158]

*(나) 대피소 허무하게 뚫려 삼호주얼리호 **납치***

---

158 ENS 최종업데이트 2011.01.24. 그런데 이 기사의 표제에 대하여 어느 독자가 "'박지성 얼굴 가격'이 검색어에 올랐던데 얼굴이 못생겨서 가격이 싸다는 건가요?(지식in 질문 2011.01.23.)"하고 의문을 제기한 것이 재미있다. '가격'이라는 말이 어색하게 보여서 그런 질문을 하였을 것이다.

(다) 식품비리 취재하던 기자, 의문의 ***살해***[159]

'가격(加擊)'은 '공격을 가하다'라는 뜻이다.[160] 쉬운 우리말로 하면 '치다'라는 뜻이다. 그래서 (가)를 액면 그대로 보자면 '박지성 선수가 경기에 온 힘을 기울이다가 상대 선수를 때리기까지 하면서 경기를 했을 것'이라고 생각하지 않을 수 없다. 그러나 그 관련 기사에는 "박지성(30. 맨체스터 유나이티드)이 축구화에 얼굴을 가격 당했음에도 불구하고 경기에 끝까지 임하는 투혼을 펼쳐 화제다."라는 말이 들어 있다. 그러므로 여기서의 '가격'은 '피격(被擊)'의 잘못이다. 기자의 잘못으로 얻어맞은 박지성 선수가 도리어 가해자가 되어버렸다.

(나)의 '납치(拉致)'는 명백히 '피랍(被拉)'의 잘못이다. 인터넷상의 여러 다른 매체에서는 "대피소 허무하게 뚫려 삼호주얼리호 납치되었다"라는 기사를 싣고 있는 것을 보면 제목을 간결하게 뽑겠다는 생각에 '되어'라는 말을 생략한 것으로 이해할 수 있다. 그렇지만 결과적으로는 정반대의 의미를 전달하게 되어 관련 사실을 아는 사람들로 하여금 일순 어리둥절하게 만들 것이 틀림없다.

---

159 코리아헤럴드 2011.09.20.

160 《엣센스 국어사전》(이희승 감수, 민중서림 편집국 편, 1974년 초판, 2002년 5판 제3쇄.)에는 '가격(加擊)'이라는 말이 실려 있으나, 같은 출판사의 《국어대사전》(이희승 편 서울: 민중서관, 1961.)에는 '가격(加擊)'이라는 말이 실려 있지 않다. 이로 보아 이 말은 사용된 것이 그리 오래 되지 않은 것일 수도 있다.

(다)의 경우도 "중국에서 폐식용유로 만든 '시궁창 식용유' 유통 사건을 취재하던 기자가 살해되어 경찰이 조사에 나섰다."라는 기사가 덧붙어 있는 것을 보면 '피살'이라고 해야 할 것을 '살해'라고 하여, 가해자와 피해자가 뒤바뀐 정보를 제공하고 있다.

기사 제목과 관련 내용을 보면 이 글을 쓴 사람들은 자기 글 속의 사람이나 사물이 어떤 일을 당하고 있는 상황임을 잘 알고 있었음에도 능동의 뜻이 되게 글을 썼다는 것을 알 수 있다. 그것은 곧 한자어로 된 어휘에 들어 있는 피동과 능동의 표지를 무시하고 자의적으로 어휘를 사용했다는 것을 의미한다. 위의 글을 쓴 사람들은 상당한 식자층의 인사들임에도 한자어 교육을 충실히 받지 않아 한자에 대한 감각이 현저히 떨어짐을 보여주고 있다고 할 것이다.

2) 방향성을 내포하고 있는 어휘의 오용

동작을 나타내는 한자어 중에는 특정한 방향을 내포하고 있는 경우가 더러 있다. 따라서 그 동사가 나타내는 방향성을 무시하면 그 뜻이 정반대로 전달될 수 있다. 문맥에 의해서 그 뜻이 이해될 수 있는 경우도 있지만 어색한 것은 마찬가지다.

(1) 대동(帶同)

'대동(帶同)하다'라는 말은 '함께 데리고 가다'라는 뜻이다. 그러므로 대동을 하는 사람이 행위의 주체가 되고, 그 '대동'의 대상이 되는 사람은 종속적인 역할을 하게 된다. 다음 인용문에 그 '대동'이라는 단어가 보인다.

> *소속사가 연예인의 사생활까지 침해할 수 없다는 방침에 따라 연예인 개인의 해외 여행을 매니저가* ***대동****하지 않았기에 사고 소식 이후 현지 소식을 정확하게 파악할 수 없었습니다.*[161]

연예계에서 활동하는 매니저라는 사람들은 연예인의 활동을 보조하는 역할이 본연의 임무다. 따라서 연예인과 매니저는 주종의 관계를 형성하게 된다. 연예인과 매니저의 관계가 거론되고 있는 위 인용문 속에서도 행위의 주체가 되는 사람은 연예인이다. 그러므로 '대동'할 수 있는 사람은 그 연예인이지 매니저가 아닌 것이 분명하다. '매니저가 (연예인을) 대동'할 수는 없는 상황이다. 그렇기 때문에 '매니저가 대동하지 않았기에'라는 표현은 주객이 전도된 것이다. '대동'이라는 말을 쓰려면 주어를 연예인으로 바꾸어 문맥을 조정해야 할 것이고, 매니저를 주어로 하는 문장을 고수하면서 한자어를 쓰려고 한다면 '따라간다'라는 뜻의 '수행(隨行)'이라는 말로 대체해야 할 것이다. 쉬운 우리말로 '따라가지'라고 썼더라면 애초에 문제가 없는 것이기도 하다. 왜 쉽고 분명한 우리말을 쓰지 않고 어려운 한자어를 써서 오류를 만들려고 하는지 모를 일이다.[162]

---

161 스타뉴스 아이에스엔터미디어 그룹 2010.09.15.

162 대동(帶同)과 수행(隨行)은 주어가 행위의 주체냐 종속자이냐에 따라서

(2) 대여(貸與)

*(가) 제가 8월20일경에 책 **대여**해서 보는 거 계약했거든요. 근데 월 3만원 일 년 동안만 내고요 그담부터는 돈 내는 거 없이 바꿔볼 수 있다고 하더라구요. 40권이면 40권 50권이면 50권 전집으로 **대여**해서 볼 수 있고요.*[163]

*(나) 이 매체 소식통은 "'붕어빵'은 (북한) 아이들이 특히 좋아해서 아이들 성화에 CD를 사려는 부모들이 많다"며 "주머니 사정이 넉넉지 않은 부모들은 불법 환전 장사꾼 등에게 **대여**해 보기도 한다"고 말했다.*[164]

위의 두 인용문에 쓰인 '대여'라는 말은 한자로 '貸與'라고 쓴다. '대(貸)'는 남한테서 빌리거나 남에게 빌려주는 것을 모두 나타낼 수 있지만, 주로 남에게 빌려주는 것을 나타내는 말로 쓰인다. 이에 대하여 '차(借)'라는 한자는 남한테서 꾸어오는 것을 나타낸다. 그래서 빌려주는 것과 빌려오는 것을 하나로 묶어서 말하는 '대차(貸借)'라는 말이 생겨나는 것이다.

'대여'는 '빌려주다'는 뜻이 우세한 '대(貸)'자에다 '주다'라는 뜻의 '여(與)'자마저 붙어 있기 때문에 어김없이 '빌려주다'라는 뜻이 된다. '대여'는 어떤 물건의 소유주나 관리자가 그것을 필요로 하는 사람에게 어떤 조건을 걸고 빌려주는 행위를 말하는

구분해서 사용되는 것이지만, 거기에도 일정한 방향성이 내재되어 있으므로 편의상 이 부류에 포함시켰다.

163 네이버 카페 2010.12.01.

164 chosun.com 김○○ 기자 2011.08.29.

것이다. 그렇기 때문에 (가)에서 대여할 수 있는 사람은 글쓴이가 아니라 그 책을 빌려주는 사람이다. 마찬가지로 (나)에서 '대여'할 수 있는 사람도 '주머니 사정이 넉넉지 않은 부모들'이 아니라 '환전 장사꾼'이다. (가)와 (나)의 '대여'는 굳이 한자어로 쓴다면 모두 '대출(貸出)'이라는 말로 바꾸어야 할 것이다.

그런데 이 문맥에서 굳이 한자어를 쓸 필요가 있는가? '대출해서 볼'은 '빌려 볼'로 '대출해 보'는 '빌려 보'로 쓰면 얼마나 알아보기 쉬운가? 쓰기 쉬운 우리말을 두고 굳이 한자말을 쓰려고 용을 쓰다가 끝내 거꾸로 써버린 꼴이 아니겠는가?

(3) 사사(師事)

*(가) 어렸을 때부터 '자신이 손해보더라도 사람 간의 약속을 철저히 하라'고 가르친 부친은 박 사장의 삶에 가장 큰 가르침을 준 인물이며 직접 **사사받지**는 않았지만 윤석철 서울대 교수로부터도 많은 것을 배웠다고 박 사장은 기억한다.*[165]

*(나) 고등학교 시절부터 북채를 잡은 曺씨는 사촌형의 지도를 받다 2년전부터 인간문화재 제5호 판소리 고법 보유자인 鄭철호선생(전남도립국악원 지휘자)으로부터 **사사를 받아**오다 이번에 대통령상의 영예를 얻게 됐다.*[166]

*(다) 한편 정은혜씨는 남원 국악예술고와 서울대 국악과 및 동대학원을 졸업한 인재로, 최승희 선생에게 정정렬제 **춘향가를 사사***

165 연합뉴스 박○○ 기자 2006.02.23.

166 연합뉴스 전○○ 기자 1998.04.27.

했다.[167]

(라) 전인삼 명창은 현대 동편제 판소리의 대표적인 명창인 강도근과 박봉술로부터 ***소리를 사사하여*** *송홍록- 송우룡- 송만갑- 김정문- 강도근- 전인삼으로 이어오는 동편제 계보 중심에 있다.*[168]

위 인용문들의 굵은 글씨체로 표시한 부분 중 '사사'라는 말은 한자로 '師事(사사)'라고 쓴다. '스승 사(師)'자와 '일 사(事)'자로 되어 있는데, 여기서 '일 사(事)'자는 '섬기다'라는 동사적 의미로 사용되고 있다.

한문에서 동사 앞에 있는 명사가 그 동사의 행위 주체가 될 수 없는 상황일 때, 그 명사는 부사와 같은 역할을 한다. '사사(師事)'의 경우를 보면 명사인 '사(師)'를 주어로 간주하면 '스승이 섬기다'라는 인지상정에 위배되는 의미가 만들어진다. 그래서 이 경우의 '사(師)'자는 주어가 아닌 부사의 역할을 하게 된다. 그래서 '사사(師事)'의 '사(師)'는 '섬길 사(事)'라는 동사의 행위 방식을 나타내는 부사가 되어 '스승으로'라는 뜻을 나타내게 되며, '사사(師事)'는 결국 '스승으로 섬기다'라는 뜻이 된다.

'스승으로 섬기다'라는 뜻의 '사사(師事)'는 곧 '(누구에게서)배우다'라는 말과 같다. 그러므로 '사사(師事)받다'라고 하면 '스승으로 섬김을 받다'가 되고 그것은 곧 '(누구를)가르치다'라는 것과

167 새전북신문 박○○ 기자 2012.07.01.

168 스포츠월드 한○○ 기자 2011.09.25.

같은 뜻이 된다. 사사(師事)를 받는 사람은 스승인 것이다. 그런데 (가)와 (나)의 두 인용문에서는 누군가에게 배우는 것을 '사사받는다'고 하였다. 스승과 제자의 역할을 뒤바꾸어 표현한 것이다. 따라서 (가)의 "직접 사사받지는 않았지만"은 "직접 사사하지는 않았지만"으로, (나)의 "鄭철호선생(전남도립국악원 지휘자)으로부터 사사를 받아오다"는 "鄭철호선생(전남도립국악원 지휘자)을 사사해오다"로 바꾸어야 올바른 표현이 될 것이다.

인용문 (다)와 (라)는 (가)나 (나)의 경우보다 더 고약하다. '춘향가를 스승으로 섬기고' '소리를 스승으로 섬긴다'라는 말도 안 되는 의미를 구성하고 있기 때문이다. 이 두 경우에는 그냥 쉬운 말로 '배웠다' '배우고'로 했더라면 쓰기도 쉽고 알아보기도 쉬웠을 것이다. 내력도 잘 모르는 어려운 한자어를 쓰고 싶어 하는 그 마음 씀씀이가 우리들 마음속에 도사리고 있는 해묵은 모화사상과 관련이 있는 것은 아닌지, 의구심을 떨치기 어렵다. 아마도 '사사(師事)'를 '특수한 기예를 배우는 것'을 나타내는 전문용어로 생각하여 '배우다'의 다른 표현으로 생각한 것일 것이다. 그렇지만 그 '배우다'에는 '(누구)에게서'라는 의미가 전제되어 있기 때문에 그것을 '배우다'로 단순 치환할 수 없다는 사실을 미처 몰랐던 탓에 '사사(師事)'라는 말을 잘못 쓰게 되었을 것이다.

(4) 수거(收去)

*(가) 태양계 기원 물질을 **수거**해 귀환할 예정이죠.*[169]

*(나) 군 당국은 이날 오후 10시 30분께 사창리 모 펜션 인근에서 박 이병이 소지했던 K2소총과 헬멧을 **수거**하고 주요 길목에서 검문검색을 강화하고 있다.*[170]

*(다) 7일 낮 12시 반쯤 강원도 인제군 서화리 인근에서 탈영한 육군 모 부대 소속 23살 윤 모 일병이 탈영 7시간 반 만에 붙잡혔습니다. 군은 7일밤 8시 15분쯤 부대 인근 2km 정도 떨어진 야산에서 윤 일병을 붙잡았고, 탈영 당시 가지고 있었던 K-2 소총은 인근 야산에서 **수거** 했다고 밝혔습니다. 그는 "블랙박스와 음성기록장치가 **수거**되면 사고의 구체적 윤곽을 파악할 수 있을 것"이라고 덧붙였다.*[171]

*(라) KTX산천은 보름에 한번꼴로 고장을 일으킨 적도 있어 차량 자체 결함 가능성도 배제할 수는 없다. 정확한 사고원인은 열차에서 **수거**한 블랙박스 조사가 끝나야 알 수 있을 전망이다.*[172]

위 인용문에 공히 쓰이고 있는 이 '수거'라는 말은 요즈음 '대여'보다도 더 흔히 쓰이고 있다. 물론 잘못 쓰이는 경우도 더 많다. '수거'는 한자로 '收去'로 쓴다. '거둘 수(收)'자와 '갈 거(去)'자로 되어 있다. 그래서 그런지 국어사전에서는 '거두어 감'이라고

---

169 Channel National Geographic <태양계의 탄생> 한글 자막 중에서.

170 파이낸셜뉴스 2011.01.18.

171 sbs 김○○ 기자 2011.06.08.

172 서울신문 박○○ 기자 2011.02.12.

그 뜻을 새기고 있다.[173] 그렇지만 '거(去)'에는 '제거하다'라는 뜻도 있으므로 '거두어 버림'이라고 풀이하는 것이 더 적절할지도 모른다. 그 어떤 경우이건 '수거'라는 말은 '수거'의 대상이 관찰하는(또는 진술하는) 이의 관점에서 보아 멀어지게 되는 행위를 말하는 것이 된다. 그런데 (가)의 것은 '우주선이 우주로 가서 연구에 필요한 성간 물질을 가져오는 것'을 말한다. '수거'의 대상이 진술자에게서 멀어지는 것이 아니라 그를 향하여 가까워지는 상황이다. '수거'라는 말이 잘못 쓰였음을 알 수 있다. (나), (다), (라)의 경우도 마찬가지다.

(가)의 '수거(收去)'는 없던 물건을 찾아오는 것이므로 '수집(收集)'이라고 바꾸어야 옳을 것이다. 그러나 (나)와 (다)와 (라)의 경우는 모두 원래 있어야 할 곳에서 이탈한 물건들을 되찾아오는 것이므로 '수집'보다는 '회수(回收)'라는 말로 대체하는 것이 적절할 것이다. 그렇지만 이 경우에도 순수한 우리말로 하여 '거두어 오다'라고 하는 것이 더 알아보기 쉬울 것이다. 굳이 어려운 한자말을 쓰려고 하는 데에는 순수한 우리말보다 한자어를 쓰는 것이 더 멋있고 권위가 있어 보인다고 생각하는 심사가 자리 잡고 있는 것은 아닐까.

173 《국어대사전》(이희승 편저, 서울:민중서림, 1994년 전면 개정 제3판.) 제2144쪽.

(5) 수여(授與)

*이 신부는 1975년 군 의뢰를 받아 강원도 철원에서 제2남침땅굴을 발견하는 데 큰 기여를 해 같은 해 4월 25일 보국훈장 광복장을 **수여**한 땅굴 전문가다.*[174]

흔히 쓰이는 '수여'라는 말은 한자어로 '授與'라고 쓴다. '授(수)'자와 '與(여)'자가 모두 '주다'라는 뜻이다. 대개 상장이나 훈장, 또는 증서 따위와 같이 일정한 가치가 있는 무언가를 줄 때 이 '수여'라는 말을 쓴다.

훈장은 국가가 공이 있는 사람에게 수여하는 것이므로, 공을 세운 사람이 훈장을 수여할 일은 없다. 그런데 위의 인용문은 공을 세운 '이 신부가 보국훈장 광복장을 수여한' 것으로 기술하고 있다. 주객이 전도된 표현이다. 이 경우에는 잘못 쓰인 '수여' 대신에 한자어로 '수령(受領)'이라는 말을 쓸 수 있을 것이다. 훈장을 상의 한 갈래로 쳐서 '상을 받는다'는 뜻으로 '수상(受賞)'이라는 말을 사용할 수도 있을 것이나, 그럴 경우 '상'이 중복되기 때문에 논리적으로 다소간 어색함이 남는다. 이 경우에도 순수한 우리말을 써서 '받은'이라고 하는 것이 가장 좋은 선택이 될 것이다.

174 News Daily 온○○ 기자 2010.10.02.

(6) 시상식(施賞式) 후보(候補)

*한편 강호동은 탈세의혹이 불거지자 9월9일 기자회견을 자청, 잠정 활동중단을 선언하고 4개월째 칩거중이다. 이로 인해 각 방송국 연예대상 **시상식 후보**에서 모조리 탈락하는 아픔을 겪기도 했다.*[175]

후보(候補)는 '기다리다'라는 뜻의 '후(候)'자와 '모자라는 것을 채워넣는다'라는 뜻의 '보(補)'자가 합쳐져서 만들어진 말이니 기본적으로 '어딘가에 채워지기를 기다린다'라는 뜻을 가지게 된다. 그리하여 '후보(候補)'는 '어떤 지위나 자리를 감당할 수 있는 자격을 갖춘 사람이나 물건', 또는 '어떤 지위나 자리에 나아가기를 바라는 사람'을 가리키는 말이 되었다. 그런즉 '~후보'라고 하게 되면, '대통령 후보'는 '대통령이 되기를 희망하는 사람'이고 '국회의원 후보'는 '국회의원이 되고자 하는 사람'이듯이, '~'는 그 '후보'가 희망하거나 가기로 예정된 자리나 지위를 가리키게 된다. 그렇다면 위 인용문의 '시상식(施賞式) 후보'는 '(강호동이)시상식이 되고 싶은 사람'이 되는 셈이다. 사람이 시상식이 되다니, 세상에 어찌 이런 일이 있을 수 있겠는가? '시상식 후보'라는 표현은 잘못된 것이 분명하다. 주어가 사람이기 때문에 '후보' 앞에는 사람을 나타내는 말이 와야 하는 것이다.

그렇다면 '시상식'을 사람을 나타내는 말인 '시상자(施賞者)'로 바꾸면 어떨까? 이 또한 문제다. '시상자'는 '상을 주는 사람'인

175 한경닷컴 속보팀 2011.12.28.

데 '시상식 후보'로 거론되었던 강호동과 관련된 사안은 '상을 주는 것'이 아니라 '상을 받는 것'이기 때문이다. 그렇다면 '시상자'는 다시 '상을 받는 사람'이라는 뜻의 '수상자(受賞者)'로 바뀌어야 한다. 강호동을 '시상식 후보'로 거론한 데에는 이와 같이 한자어의 오남용 문제가 이중으로 얽혀 있다.

(7) 양도(讓渡)

방송사가 출연료를 안 준 것도 아니고, 회사가 출연료를 숨겨놓은 것도 아니다. 과연 이들 연예인의 출연료는 어디로 사라졌을까. 관련업계에서는 스톰의 채권자들이 '압류'해간 것으로 보고 있다. 방송사가 제작사인 스톰에 출연료를 포함한 제작비를 주자마자 채권자들이 강제적으로 ***양도****해가면서 미처 연예인들에게 출연료가 지급되지 못했다는 것이다.*[176]

'양도'라는 말 중에서 어떤 물건을 주고받는 것과 관련이 있는 것은 '양도(讓渡)'라는 말이다. 국립국어원의 《표준국어대사전》의 '양도(讓渡)'조에는 "재산이나 물건을 남에게 넘겨줌. 또는 그런 일."이라는 해설이 붙어 있다. 행위의 주체가 되는 이가 자신에게 속해 있는 무언가를 다른 이에게 넘겨주는 것이 '양도'라고 하는 것임을 알 수 있다. 그렇다면 위 인용문 속의 "채권자들이 강제적으로 양도해가면서"라는 말은 문제가 있는 것이 분명하다. 행위의 주체로 등장하고 있는 '채권자'들이 '남에

176 머니투데이 김○○ 기자 2011.03.18.

게 무언인가를 주는 행위'가 '양도'일 터인데, 여기서는 채권자가 받아가는 것으로 되어 있기 때문이다. '양도'라는 행위가 내포하고 있는 동작의 방향이 뒤집어진 잘못된 표현인 것이다. 잘못 쓰인 '양도'라는 말을 굳이 한자말로 바꾸면 '압수'라고 해야 할 것이다. 그렇지만 '압수'라는 어려운 한자말보다는 '빼앗아가다'라는 우리말로 바꾸는 것이 더 뜻이 분명하고 알기 쉬운 표현이 될 것이라고 생각한다.

(8) 인도(引渡)

> *또 다른 동영상을 올린 B씨 역시 "차량 **인도** 후 4일이 지나 동영상과 같은 불량이 계속 발생했다"며 "서비스센터를 전전해야 하는 현실이 슬프다"고 불만을 토로했다.*[177]

주고받는 행위와 관련된 말로서의 '인도'는 '引渡'라고 쓴다. '인도(引渡)'는 '사람이나 사물, 또는 권리 등을 건네어준다'라는 뜻이다. 차량의 매매와 관련하여 차량을 인도하는 것은 이치상 자동차 회사 쪽이다. 자동차회사 쪽에서 구매자에게 차량을 '인도'하는 것이다. 그런데 위 인용문에 쓰인 '인도'는 B씨가 차량을 '건네받았다'는 뜻으로 쓰인 것이 분명하다. '인도'라는 말이 잘못 쓰인 것이다. 굳이 한자어로 쓰려고 한다면 '건네받다'라는 뜻을 가진 '인수(引受)'라는 말을 썼어야 했을 것인데, 반대 방

177 동아닷컴 김○○ 기자 2012.01.04.

향의 '인도'라는 말로 잘못 표현한 것이다. 이 경우에도 굳이 한자어를 쓰지 않고 쉬운 우리말을 쓰려고 했더라면 문제는 생기지 않았을 것이다. '받은'이라고 쓴다는 말이다.

(9) 임대(賃貸)

(가) 저는 지금 오래된 상가(단층건물)를 ***임대****하여 까페를 하려고 인테리어 공사중입니다. 가게를 계약한 후에 공사를 시작하려고 천장을 철거를 해보았더니 하늘이 다 보이고 붕괴 위험까지 있어 집주인에게 천정 부분 공사를 부탁드렸습니다.*[178]

(나) 대신 장거리 외국 순방엔 민간 항공기를 매번 ***임대****해 사용했습니다. 문민정부 때까지는 대한항공 대형 보잉747 기종을* ***임대****해 사용했습니다.*[179]

(다) 수익성을 높이기 위해선 자신이 소유한 감나무에서 감을 따다 곶감을 만들어야 한다. 하지만 귀농자의 경우 대부분 소유한 감나무가 없으니 ***임대****하거나 공판장에서 사서 만드는 경우가 가장 많다.*[180]

일상생활에 흔히 쓰이는 '임대'라는 말은 한자로 '賃貸'라고 쓴다. 그 뜻은 '삯을 받고 나의 것을 남에게 넘겨주어 사용하게 하는 것'이다. 그런데 세 인용문에 등장하는 '임대'는 문맥상으로 보아 '일정한 대가를 치르고 남의 물건을 사용하는 것'을 의

---

178 네이버 지식 in 2010.12.12.

179 한겨레 양○○ 전 청와대 홍보기획비서관 2011.03.14.

180 오마이뉴스 이○○ 기자 2011.11.08.

미하는 것이 분명하다. 그렇다면 '임대'라는 말이 내포하는 상황과 정반대가 된다. '임대'의 '대(貸)'는 주로 '물건은 남에게 가고 삯이 나에게 오는 상황'을 나타내는 말이기 때문이다. 그와는 반대로 '물건이 나에게 오고 삯은 상대방에게 가는 것'을 나타내는 한자말은 '차(借)'다. 위의 세 인용문에 공통으로 쓰인 '임대'라는 말은 '임차(賃借)'라고 해야 할 것을 잘못 쓴 것임을 알 수 있다.

(10) 지방흡입술(脂肪吸入術)

요즈음 성형 붐을 타고 새로이 유행하는 말 중의 하나가 이 '지방흡입술'이다. 그런데 이 말을 곰곰이 따져보면 그 뜻이 좀 고약하다.

'지방흡입술'의 '흡입'은 한자로 '吸入'으로 쓴다. '빨다'라는 뜻의 '흡(吸)'과 '들어가다'라는 뜻의 '입(入)'자를 합쳐 만든 말이니 우리말로 '빨아들이다'라고 새겨도 무방할 것이다. 곧 '지방흡입술'이란 '지방을 빨아들이는 기술 또는 방법'을 말하게 된다. 그런데 지방흡입술과 관련해서 가장 중요한 쪽은 그 시술을 받는 사람이다. 그래서 어떤 이가 지방흡입술을 해서 지방을 흡입했다면 그 사람은 어딘가에 있는 지방을 빨아들여서 자신의 몸속으로 넣었다는 말이 된다. 그렇다면 '지방흡입'은 너무 마른 사람이 남의 지방을 인공적으로 체내에 주입하는 것이 될지는 몰라도 비만 치료를 위하여 잉여 지방을 제거하는 의미는

되기 어렵다. 물론 지방을 빨아들이는 기계에 초점을 맞추면 말이 되지 않는 것이 아니지만 문제는 지방흡입이 중요한 의미를 가지는 것은 그 시술을 필요로 하는 사람이지 기계가 아니라는 것이다. 어떤 연유로 누가 이 말을 만들어내었는지는 모르나 아무리 생각해도 어색하기 이를 데 없다. '몸 밖으로'라는 방향을 중시한다면 '지방흡입술'의 '흡입'은 '흡출(吸出)'이 되어야 할 것이고, '무언가를 끌어내는 것'에 강조점을 둔다면 흡인(吸引)이라고 하는 것이 타당할 것이다. 순수 우리말로 해서 '비게 빨아내기'가 어색하게 보인다면 기왕에 만들어진 말과 비슷한 발음의 '지방흡인술'이라고 해도 괜찮을 듯하다.

(11) 피로회복(疲勞회복)

광고 문구에 등장할 정도로 흔히 쓰이는 말 중에 '피로회복'이라는 말만큼 웃기는 말은 찾아보기 힘들 것이다.

> *후식으로 집중력을 높이는 초콜릿이나* ***피로회복*** *효과가 있는 제주 감귤 등이 추천됐다.*[181]

'피로(疲勞)'는 말 그대로 '심신이 지치고 고단한 것'이다. '회복'은 '回復(회복)' 또는 '恢復(회복)'으로 쓰는데, 그 뜻은 "이전 상

181 한국경제 2010.11.15.

태로 돌이키거나 원래의 상태를 되찾음"[182]이다. 굳이 구분하자면 '回復(회복)'이 단순히 '원래의 상태로 되돌아가거나 되돌리는 것'이라면 '恢復(회복)'은 '(잃어버렸던 소중한 것을) 되찾는 것'이라고 구분할 수 있다. 어느 경우든 '회복'이라는 말 앞에 있는 상태로 되돌아가는 것을 말하는 것은 같다. 그렇다면 '피로회복'은 '피로한 상태로 되돌아가는 것'이 되지 않을 수 없다. 그 유명한 피로회복제는 '개운한 몸을 피로한 상태로 되돌리는 약'이 되는 것이다. 그런 약이라는데도 그 많은 사람들이 돈을 내고 그것을 사 먹으니 어찌 우습지 않겠는가? '피로회복'의 '회복'을 '해소(解消)'로 고쳐 '피로해소(疲勞解消)'라고 하든지 '피로'를 '건강(健康)'이나 '원기(元氣)'나 '활력(活力)' 등으로 바꾸어 '건강회복'·'원기회복'·'활력회복' 등으로 표현하는 것이 옳을 것이다.

---

182 《엣센스 국어사전》 제2646쪽. 그런데 《국어대사전》(이희승 편 서울:민중서관, 1961)에서는 '회복(回復)'과 '회복(恢復)'을 따로 싣고서, 전자에 대해서는 "이전 상태와 같이 돌이킴"이라고 하였고, 후자에 대해서는 "쇠퇴한 국세나 가세(家勢) 또는 병세 등을 예전대로 바로 잡음"이라고 하였다. 여기서 '병세'는 매우 어색한데, '병세를 예전대로 바로잡음'이라면 병을 고치지 않는다는 뜻이 될 수도 있지 않은가? 마치 피로회복의 원형을 보는 듯하다. 이치에 맞는 말이 되려면 '병세'를 '건강'으로 바꾸어야 할 것이다. 뒤에 나온 사전이 개선된 면모를 보이고 있으니 천만다행이다.

(12) 영부인(令夫人)

*이 대통령은 임관장교들이 합동성 강화를 통해 대한민국을 수호하라는 의미에서, 조선시대 임금이 임지로 떠나는 장수에게 하사했던 상징물인 호부(虎符)를 수여했다. 그런데 이 호부를 둘러싸고 논란이 벌어질 조짐이다. 이 호부 한쪽면 상단에는 '必死則生 必生則死',(필사즉생 필생즉사: 죽고자 하면 살고 살고자 하면 죽는다)는 이 대통령의 친필휘호가 새겨졌다. 그리고 하단에는 '대통령 이명박·**영부인 김윤옥**'이라는 문구가 박혔다. 이 대목이 문제인 것.*[183]

'영부인' 문제는 앞에서 이미 언급했는데, 그것은 본래 '令夫人'으로 써야 할 것을 '領夫人'으로 쓰는 것을 문제 삼은 것이었다. 어쨌든 '영부인'은 남의 아내를 높여서 부르는 말이다. 그러므로 남에 대해서 자신의 아내를 '영부인'으로 호칭했다면 경우에 맞지 않는 호칭법인 것이 분명하다.[184] 나의 아내에 대하여 남은 쓸 수 있으나 나는 쓸 수 없는 말을 썼으니 말을 쓰는 방

183 프레시안 윤○○ 기자 2011.03.04.

184 프레시안 윤○○ 기자 2011.03.04.: "하지만 '영부인'이라는 단어가 문제다. 관행적으로 대통령 부인을 일컫는 단어인 영부인은 남의 부인을 높여서 부르는 '호칭'이다. 국어사전은 '남의 아내에 대한 높임말'이라고 뜻을 풀이하면서 동의어로 귀부인을 제시하고 있다. 호부를 수여하는 주체로 '대통령 이명박'이 들어가는 것은 가능하고 '대통령 부인 김윤옥'도 가능하지만 '영부인 김윤옥'은 어색하다. '이명박 대통령님', '이명박 대통령 각하'나 마찬가지다. 자기가 자기를 높여 부르는 격이라는 말이다. 현 정부의 각종 청와대 기념품이나 행사 선물에도 주로 '대통령 내외 이명박 · 김윤옥'이라는 명의가 들어가 있다."

향이 틀린 것이다.

그러나 만약 그 영부인이 '令夫人'이 아니라 '領夫人'이라면 말이 달라질 수도 있다. 비록 사전에는 올라 있지 않은 말이지만 우리나라에서 필요에 의해서 대통령부인을 지칭하는 특별한 명칭으로 '영부인(領夫人)'을 쓰기로 하였다면, 그것은 단순히 남의 아내를 높이는 것이 아니라 대통령 부인이라는 특정의 지위에 있는 사람을 지칭하는 전문적인 호칭으로서 경우에 맞는 호칭이 되기 때문이다. '영부인(領夫人)'이라는 말이 언중의 공감을 충분히 얻지 못하고 있기 때문에 문제가 되는 것이다.

3) 범주가 제한된 개념의 확장 적용

한자어 중에는 특정 사안과 관련되어 있어서 그 어휘 사용의 범위가 제한을 받지 않을 수 없는 것들이 있다. 그런 어휘들을 그 어휘의 발생과 관련이 없거나 거리가 먼 다른 사안에 적용하는 경우 어색한 문장이 되기도 한다.

(1) 개인(個人)

보도된 사진은 플로리다 출신의 상어 전문가인 짐 애버네시(52)가 플라잉 보트와 항공에서 찍은 것이다. 애버네시는 "먹이를 쫓는 상어떼의 장엄한 광경을 보여준다"며 "위에서 바라보는 경치는 아름답지만 생존을 위해 얼마나 치열한 싸움을 벌이는지 상상하기 어렵다"고 말했다. 그는 "물고기들이 자기방어의 수단으로 거대한 원형의 무리를 이뤄 ***개인 물고기****를 식별하는데 매우 힘들다"*

고 덧붙였다.[185]

문맥과 관계없이 '개인 물고기'라는 말만 들으면 '특정 개인이 소유한 물고기'라는 뜻이 먼저 떠오르게 마련이다. 그런데 글의 배경은 상어 떼가 먹이를 쫓는 대양이다. 그런 곳에 개인 소유의 물고기가 있을 수 없으니, 일단 그 뜻은 이 문맥에 맞지 않다.

여기서 '개인 물고기'라고 한 것은 큰 포식자의 공격을 막기 위해서 원형의 무리를 이룬 작은 물고기들 중의 하나하나를 가리킨다. 그렇다면 그것은 '물고기 한 마리 한 마리'라고 하든지 굳이 한자어를 쓴다면 '개별(個別) 물고기' 정도로 표현했어야 했을 것이다. 그렇게 하지 않고 물고기에 '사람 인(人)'자가 들어 있는 '개인'이라는 말을 썼으니 이상하게 보이지 않을 수 없다. 물고기는 사람이 아니기 때문이다.

(2) (KTX) 기내식(機內食)

요즘 KTX열차에서 제공되는 식사를 '기내식(機內食)'이라고 하는 것을 간혹 보게 된다. 그런데 기내식(機內食)의 '기(機)'는 비행기의 '기(機)'다. 운항 중인 비행기 안에서 승객에게 제공되는 식사가 기내식인 것이다. KTX열차가 빠르기는 하지만 그래도

185 경향신문 디지털뉴스팀 장○○ 기자 2011.03.18.:'매일 뉴스가 되는 동물들의 이상행동- 물고기 떼 쫓아 해안에 상어 1만 마리 출현'

하늘을 나는 비행기는 아니지 않은가? 굳이 상황에 맞춘 한자어를 쓰고 싶으면 '차내식(車內食)'이라고 해야 될 것이다. 그냥 '도시락' 또는 '식사'라는 쉬운 말을 써도 될 것이다.

(3) (사무실 문에) 노상방뇨(路上放尿)

*동료 교수 사무실 문에 **노상방뇨** '교수가 이런 짓을…'*[186]

'노상방뇨(路上放尿)'란 말 그대로 '길(노상)에서 오줌을 누는 것(방뇨)'을 말한다. 도덕을 알고 규범을 지킬 줄 아는 이라면 정해진 장소가 아닌 공공의 길에서 오줌을 누지는 않을 것이다. 그래서 화장실이 아닌 길에서 오줌을 누는 행위인 '노상방뇨'에는 도덕적 비난이 스며들어 있다. 멀쩡한 사람이 그것도 최고의 교육기관에서 남을 가르치는 일을 하는 교수가 동료 교수의 사무실(연구실) 문에 오줌을 누었다고 하는 것은 경악을 금치 못할 일임이 틀림없다. 물론 거기에는 신랄한 비난이 뒤따르지 않을 수 없다. 그래서 어떤 교수가 동료 교수의 사무실 문에 오줌을 눈 것을 두고 '노상방뇨'라고 한 것일 것이다.

그렇지만 사무실 문은 공공의 길이 아니다. 그래서 그 사무실 문을 '노상'이라고 말하는 것은 사리에 맞지 않다. '노상방뇨'가 '규범에 맞지 않는 일'이라는 것에 근거하여 길이 아닌 사무실 문에 오줌을 눈 일까지 '노상방뇨'라고 한 것은 '노상'의 의미

186 노컷뉴스 2011.01.30.

를 자의적으로 확대해석한 것이다. 위 인용문의 경우는 '노상'이라는 말을 빼고 '방뇨'라는 말만 쓰면 될 것이다. 만약 '허가받지 않은 일을 멋대로'라는 의미를 강조하여 한자말을 쓰고자 한다면 '무단(無斷)'이라는 말을 써서 '무단방뇨(無斷放尿)'라고 하는 것이 적절할 것이다.

(4) 매형(妹兄)

(가) 북 장성택 ***매형*** *전형진 쿠바대사로 임명*
쿠바대사로 임명된 전형진씨는 김정은의 후견인으로 여겨지는 장성택 국방위원회 부위원장의 누나의 남편으로 대외문화 연락위원회 부위원장을 맡고 있었던 것으로 알려졌다.[187]

(나) 서울 동대문경찰서는 21일 영국 치과 개원을 위한 영어능력시험에 영국에 거주하는 매형을 대리 응시케 하고 매형의 사진을 붙여 주민등록증을 불법 발급받은 혐의(업무방해 및 주민등록법위반 등)로 치과의사 A(38)씨와 ***매형*** *B(40)씨를 불구속입건했다고 밝혔다.*[188]

(가)의 굵은 글씨체의 매형은 '(장성택의) 누나의 남편'을 일컫는 말이다. 그리고 (나)의 굵은 글씨 '매형'도 정황상 '누나의 남편'을 가리킬 가능성이 높다. 이러한 예처럼 우리나라 사람들 중에는 누나의 남편을 '매형'이라고 부르는 이가 적지 않다. 이

---

187 뉴스타운 외신팀 2012.01.04.

188 헤럴드경제 박○○ 기자 2011.09.21.

'매형'을 한자로 쓰면 '妹兄(매형)'이 되는데, 이 '妹兄(매형)'의 '妹(매)'는 '손아래 누이' 곧 '여동생'을 일컫는 말이다. '손위 누이' 또는 '누나'를 가리키는 글자는 '姉(자)'자다. 그래서 '자매(姉妹)'라고 하면 '손위 누이와 손아래 누이', 곧 '언니와 여동생'을 합쳐 부르는 말이 된다.

문제는 명확해졌다. 누나의 남편을 '매형'으로 부르게 되면, 누나를 '여동생'으로 지칭하게 되는 결과가 된다는 것이다. '누나'라는 뜻을 가진 '姉(자)'라는 글자가 있으므로 누나의 남편은 '자형(姉兄)'이라고 하면 될 것을 왜 사리에도 맞지 않게 '매형(妹兄)'이라고 부르게 되었는지 그 까닭을 모르겠다. 누나의 남편을 부를 때 남부지방에서는 '자형'이라는 말을 많이 쓰고, 중부 이북에서는 '매형' 또는 '매부(妹夫)'라고 부르는 경향이 우세하다는 설도 있는데, 그러한 차이가 난 까닭도 궁금하기만 하다. 남부지방 출신인 필자는 어린 시절에 서울 지역의 영향을 받은 사람이 누나의 남편을 '매형'이라고 부르는 말을 듣고서 그 말이 이상하기는 하면서도 한편으로는 고상하게 느껴지기도 하였는데, 아마도 촌놈의 열등감이 작용했을 것이다.

(5) (짝퉁 가수라는) 미명(美名)

이들은 한국 누리꾼들 사이에서 일명 한국 짝퉁 가수라는 ***미명****하에 익히 소개된 바 있는 중국의 가수들이랍니다.*[189]

189 시사중국어사 music / 리틀 2010.10.29.

보통 '~라는 미명 하에'라고 할 때의 '미명'은 '아름다울 미(美)'자와 '이름 명(名)'자를 쓴다. 그래서 그 뜻이 '아름다운 이름'인 '미명'이라는 말을 써서 '~라는 미명 하에'라고 하는 경우는 이름만 그럴듯하지 실속은 보잘것없는 것을 지적하는 것이다. 이름은 그럴듯하고 아름다운 것이 이 표현의 전제가 된다.

그런데 위 인용문 중의 '짝퉁 가수'라는 이름은 결코 아름답다고 할 수 없다. '짝퉁 가수'는 결코 '미명'이 될 수 없다. '미명'은 이름 중에서도 '아름다운 이름'으로 제한된 것인데, 이것을 이와 같이 나쁜 이름의 경우에도 사용한 것은 개념의 적용범주를 넘어선 용법이다. '짝퉁 가수'라는 이름의 성격에 맞게 표현하자면 '미명'은 '악명(惡名)'으로 써야 할 것이고, '악명'이라고 단죄할 의도가 없다면 '미명하에'를 우리말 '이름으로'로 바꾸는 것이 좋을 것이다.

(6) 방사(放飼)

*터키의 큰돌고래 톰과 미샤가 마침내 바다로 돌아갔다. 야생 적응 훈련 끝에 야생 **방사**된 것이다. 두 돌고래는 이틀 동안 고향 바다로 140㎞ 이상 헤엄쳐 나아갔다.*[190]

동물과 관련된 '방사'라는 말은 '놓을 방(放)'자에 '먹일 사(飼)'자로 구성된다. 곧 '(우리에 가두지 않고) 놓아서 먹이는' 것이 '방사(放飼)'다. '방사'는 보통의 가축 사육과는 달리 사육되는 동물들에게 넓은 공간을 제공하고 자유를 더 많이 부여하는 사육 방

190 한겨레 남○○ 기자 2012.05.16.

식이다. 하지만 궁극적으로 그 동물에서 어떤 이익을 얻고자 하는 점은 일반 사육과 같다. '방사'되는 동물도 결국 방사하는 사람의 통제 하에 있고, 그 사람의 이익에 봉사할 수밖에 없는 운명에 처해 있다.

그런데 위 인용문에서 '방사'라고 한 것은 사람의 손에 길러지던 돌고래가 자연으로 돌아가는 상황이다. 추적 장치가 부착되어 있는지도 불분명하고, 설사 그런 장치가 부착되어 있다고 하더라도 나중에 그 돌고래를 다시 잡아서 어떤 이익을 보려는 의도는 드러나 있지 않다. 어떤 이유로 잠시 가두어 기르던 돌고래를 바다에 풀어주어 마음대로 살게 했다는 것이 그 본질이다. 그렇다면 '방(放)'은 그 상황에 부합되어도 '사(飼)'는 그렇지 않다. '방사'라는 말의 쓰임이 올바르다고 할 수 없다. '야생 방사된'이라는 어려운 한자말을 써서 어색한 구문을 만들지 말고 우리말을 적극 사용하여 '야생으로 보내진' 정도로 하였더라면 분명하고 알기 쉬운 표현이 되었을 것이다. 굳이 한자어를 쓰고 싶다면 '놓아서 살려주다'라는 뜻을 가진 '방생(放生)' 정도가 무난하지 않을까 한다.

(7) (서울대) 사내(社內)

지난 2월 정년 퇴임한 정종평 나이벡 대표가 회사를 설립한 건 2004년. 치과대학 연구센터인 지능형생체계면공학연구센터(IBEC)를 서울대 사내 벤처로 만들었다.[191]

'사내 벤처'란 '회사 내에 설치한 벤처기업'이란 말이다. 그것은 '기업이 본래의 사업과는 다른 성격의 시장으로 진출하거나 새로운 제품을 개발하기 위하여 기업 내부에 설치한 독립된 사업체로서 단기간에 신규 사업을 육성하는 효율적인 수단으로 사용된다'[192]고 한다. 그런데 위 인용문에 등장하는 벤처는 일반 회사가 아니라 서울대학교라는 교육기관에 차려졌다. '사내(社內)'의 '사(社)'는 '회사(會社)'의 '사(社)'인 것이 분명하므로 서울대학교 안에 차린 벤처회사를 '사내 벤처'라고 했으니, 서울대학교를 회사로 본 것이라고 할 수 있다. 근래 대학들이 돈에 혈안이 되어서 그 행태가 기업을 방불케 하고 있지만, 그래도 아직은 학교의 성격을 크게 벗어나지 않은 것이 분명하다. 그러므로 위 인용문 중의 '사내 벤처'를 사리에 맞게 표현한다면 마땅히 '교내(校內) 벤처'라고 해야 할 것이다. '회사'라는 범주에 국한해서 써야 할 말인 '사내'라는 말을 학교에까지 확대 적용함으로써 생긴 어색한 문장이라고 할 것이다.

(8) 사치(奢侈)

기자가 박 전 대표 뒤에서 지켜보니 어떤 중년여성은 자신이 걸고 있는 목걸이를 박 전 대표에게 걸어주며 "평생 ***사치****도 안하고…" 라며 안타까워했다.*[193]

---

191 머니투데이 최○○ 기자 2011.06.27.

192 네이버 지식사전에서 따온 내용을 필자가 부분적으로 손을 보았음.

193 인터넷한국일보, 임○○ 기자 2011.08.30.

위 인용문에서 굵은 글씨체로 표시한 '사치'는 한자로 '奢侈'로 쓴다. 그 두 글자를 보통 '사치할 사(奢)'와 '사치할 치(侈)'라고들 하는 것을 보면 우리나라에는 본래 '사치'에 해당하는 일이 별로 없었던가 보다.

각설하고, '사치(奢侈)'는 '분수에 지나치게 치레를 하다'라는 뜻이다. 비난의 뜻만 있지 좋은 뜻은 결코 담겨 있지 않은 말이다. 그런데 위 인용문에서는 어떤 사람이 자신이 존경하는 박대표가 '사치'를 하지 않는다고 안타까워한다. 그 '사치'에는 전혀 부정적인 의미가 들어 있지 않다. 그 사람은 통상적으로 나쁜 의미로 쓰이는 '사치'라는 말을 좋은 뜻으로 쓴 것이 분명하다. 그 사람은 장신구를 사용하여 몸을 꾸미는 것을 여인이 누릴만한 가치 있는 일로 생각하고, 그렇지 못한 박대표에게 연민의 정을 드러낸 것으로 보인다. 곧 보통의 여인들이 그러하듯이 박대표도 예쁘게 꾸미는 행복을 누렸으면 하는 바람을 담고 있다. 그러나 그것은 꾸밈은 꾸밈이되 사치의 범주에는 들지 않는 것이다. 그 사람도 그 박대표가 정말 '사치'라는 말 뜻 그대로 '분수에 지나치게 치레'를 하였더라면 아마 좋아하지 않았을 것이다. 그러므로 위 인용문에서의 '사치'는 일반적인 적용 범주를 벗어난 말이 된다. '사치'라는 한자말이 아니라 '꾸미지도'라는 우리말을 썼더라면 문맥이 그럴듯했을 것이다. 굳이 한자어를 쓰려고 한다면 '곱게 모양을 내다'는 뜻을 가진 '치장(治粧)'이라는 말이 그나마 나을 것이다.

(9) 살인자(殺人者)

*동물원의 사자나 호랑이들도 오랜 병마에 시달린 동료의 꼬리를 절단해 과다출혈로 단명시키기도 했다. 그러나 이런 현상만으로 그들에게 단순히 **살인자**라는 꼬리표를 붙일 순 없을 것 같다.*[194]

'살인자(殺人者)'는 '사람을 죽인 자'라는 뜻이다. 그런데 위 문장에서 죽은 것은 사람이 아니라 사자나 호랑이다. '사자나 호랑이가 자신들의 동료를 죽인 것'을 두고 '살인'이라고 한 것이다. 사자나 호랑이는 사람이 아니지 않은가? 위의 '살인자'를 대신하여 문맥에 맞는 말을 굳이 한자어로 만들어 본다면 '동족살해자(同族殺害者)' 정도로 해야 할 것이다.

다음과 같은 엽기적인 글제목도 논란의 여지가 있다.

*"**길고양이 연쇄 살인범**을 제발 잡아주세요~" 끔찍 현장 인터넷 제보에 경찰 수사 착수*[195]

이와 같은 내용의 글 제목을 보고는 섬뜩한 느낌을 지울 수 없다. 특이한 행태 때문에 '길고양이'라는 별명이 붙은 살인범이 연쇄적으로 살인을 저지르고 다닌다고 생각했기 때문이다. 그런데 놀란 마음을 진정하고 열어본 본문에는 다음과 같은 내용이 있었다.

---

194 서울신문 최○○ (광주우치동물원 수의사) 2011.08.19.

195 국민일보 쿠키뉴스 이○○ 기자 2012.04.02.

……한국고양이보호협회는 지난달 8일 협회의 인터넷 게시판를 통해 길고양이가 잔인하게 살해됐다는 제보를 받고 이튿날 경찰에 신고했다.

누군가가 길고양이를 연쇄적으로 죽이는 사건이었던 것이다. 그런데 고양이를 죽이는데 '살인자'라니? 고양이가 사람인가? 아무리 동물을 보호하고 존중한다고 하더라고 고양이와 사람은 구별되어야 할 것이다. 그리고 아무리 소위 '낚시'가 유행하는 인터넷 환경이라고 하더라도 글을 쓰는 기자라면 사리에 맞는 어휘를 선택하는 것이 올바른 자세일 것이다. 이 경우에도 '길고양이 연쇄 살해자' 정도로 표현했더라면 오해의 소지는 크지 않았을 것이다.

(10) 성인(成人) 돼지

*일인기업인 옥경희(가명) 씨도 "**성인**이 돼서 젖을 먹는 동물이 사람 말고 있느냐"며 "꼭 채식을 해야 한다는 게 아니라, 보다 자연적인 삶을 추구해야 한다는 뜻"이라고 현대 사회에서 채식이 가진 의미를 힘주어 말했다.*[196]

'성인(成人)'은 '다 큰 사람' 곧 '어른'을 말한다. 그런데 위 문장에서 성인(成人)은 '다 큰 사람'만을 지칭하는 것이 아니라, '사람을 포함한 다 큰 동물'을 가리킨다. 다 큰 사람에게 '성인'이라고

---

196 프레시안 이○○ 기자 · 김○○ 기자 2011.02.04.

하는 것은 당연하지만, 사람이 아닌 동물에게 '사람 인(人)'자가 들어가는 '성인'이라는 말을 사용하는 것은 적절한 어휘 사용이라고 하기 힘들다. 위 문장에서의 '성인'은 '다 자란 개체'라는 뜻의 '성체(成體)'로 바꾸는 것이 옳을 것이다.

(11) (검은) 소복(素服)

*(가) 시민행동은 "지난 1년간 이 대통령 때문에 검은 옷이 자주 등장했다"면서 "방송 장악에 항의하는 앵커들은 검은 정장을 입고 뉴스를 진행했고, 일제고사에 반대하는 교사들도 검은 옷을 입고 출근하는가 하면, 용산 참사로 가족을 잃은 유족들도 **검은 소복**을 입고 정부에 항의하고 있다"고 설명했다.*[197]

*(나) 공개된 사진에서 한은정, 장현성, 서신애, 김유정 등 주연배우들은 **검은 소복**과 창백한 화장, 길게 늘어뜨린 머리 등으로 영락없는 저승사자의 모습을 보여준다.*[198]

*(다) **검은 소복**을 입고 '용산참사 진상규명'을 부르짖으며 거리를 누빈 지 어느덧 344일째. 전씨는 여전히 남편을 비롯해 고(故) 이성수, 양회성, 윤용헌, 한대성 씨 등 5명의 희생자가 어떻게 숨졌는지 알고 싶을 뿐이다.*[199]

위의 세 인용문에 공통으로 등장하는 '소복'은 한자로 '素服'으로 쓴다. '흴 소(素)'자에 '옷 복(服)'으로 되어 있으니 '흰 옷'이

---

197 경향닷컴 고○○ 기자 2009.02.23.

198 스포츠경향 & 경향닷컴 하○○ 기자 2010.07.26.

199 CBS 노컷뉴스 CBS사회부 박○○ 기자 2009.12.30.

소복의 원래 뜻이다. 그런데 우리나라에서는 전통적으로 장례식 때에 입는 상복(喪服)으로 흰 옷을 차려 입었으므로 '소복(素服)'은 '상복(喪服)'의 동의어로 흔히 쓰이게 되었다. 어쨌거나 '소복'은 '흰 옷'이 아닐 수 없다.

오늘날에는 서양 문화의 영향으로 검은색 옷을 상복으로 입는 분위기가 확산되고 있는데, 위 세 인용문의 '검은 소복'이라는 표현은 그래서 생긴 것으로 보인다. 그렇지만 '소복'의 원래의 뜻으로 본다면 '검은 소복'은 '검은 흰 옷'이라는 말이 된다. 성립할 수 없는 말이다. 어휘의 본래 의미까지도 고려하여 위의 '검은 소복'은 '검은 상복'으로 표현하는 것이 옳을 것이다.

(라) 공개된 사진 속 한가인은 MBC 드라마 '해를 품은 달'에서 월(한가인)이 훤(김수현)에게 살을 날렸다는 혐의를 받고 고문을 받는 장면을 촬영하던 도중 찍은 것으로 ***하얀 소복*** *위에 검은색 후드를 쓴 채 시크한 표정을 짓고 있다.*[200]

(마) 무엇보다 사진 속 한가인은 ***하얀 소복*** *차림과는 대조되는, 힙합 마니아들만이 쓸 법한 검은색 후드를 쓰고 뚱하고 귀여운 표정을 짓고 있어 웃음을 자아낸다.*[201]

(라)와 (마)에 보이는 '하얀 소복'이라는 말은 '하얀 흰옷'이라는 말이니 같은 말을 중복해서 쓴 경우라고 할 수 있다. '소복'이 본래 '흰옷'이라는 뜻인 것을 모르고 단지 '상복'의 다른 말로

200 게임조선 편집국 T-issue 뉴스 2012.02.27.

201 한경닷컴 w스타뉴스 우○○ 기자 2012.02.26.

만 알고 있는 듯한 느낌을 주는데, '하얀'은 쓸 필요 없는 말이다. 아래의 예문이 그 이유를 잘 보여준다.

*(바) 한가인은 **소복**을 입고 추위를 피하기 위해 힙합 마니아들이 쓸 법한 검은색 후드를 쓰고 뚱하고 귀여운 표정을 짓고 있어 웃음을 자아낸다.*[202]

이 (바)의 글은 위 (라) 및 (마)와 같은 상황을 기술한 것이지만, 여기에는 (라) 및 (마)의 경우와는 달리 '하얀'이라는 불필요한 말이 들어 있지 않다. 글 쓴 이가 '소복'의 본래 뜻을 정확하게 알고 있었음을 알 수 있다.

(12) (스승의) 슬하(膝下)

*맨 처음엔 조각에 심취하였던 모딜리아니는 조각의 대가이던 브랑쿠시를 알게 되었고, 그 **슬하**에서 배울 최고의 기회를 잡게 됩니다.*[203]

'슬하(膝下)'란 글자 그대로 말하자면 '무릎 아래'라는 말이다. 어린 아이는 대개 부모의 다리에 매달리는 버릇이 있기 때문에, 어려서 부모의 보살핌을 받으면서 자라는 상황을 두고 '슬하'라고 한다. '슬하'는 그래서 '부모님의 사랑'을 상징하는 말이기도

---

202 건설경제 온라인뉴스팀 2012.02.26.

203 한국교직원 신문 2011년 8월 29일 제8면(문화) '목이 길어 슬픈 그림(이○○의 화가이야기)'

하다. 스승의 사랑과는 관계가 없다.

물론 스승의 사랑도 부모님의 사랑에 못지않은 경우가 많다. 그래서 스승을 '아버지 같은 분'이라는 뜻으로 '같을 유(猶)'와 '아비 부(父)'자를 써서 '유부(猶父)'라고 하기도 한다. 옛날의 선생은 대개 남자여서 이런 말이 생겼을 것이다. 그런데 사람이 스승을 찾아가서 가르침을 청하는 것은 어느 정도 성장한 다음이지, 다리에 매달리기 좋아하는 어린 아기 때가 아니다. '슬하'라는 말의 본래 뜻과 사리를 따져 보면 위 인용문에서의 '슬하'는 제자리를 잡은 것이 아니라고 할 수밖에 없다.

(13) (엘리베이터) 승 · 하차(乘 · 下車)

한자어의 의미를 확대 적용하여 어색한 표현을 한 문장은 일상생활 속에서도 자주 눈에 띈다. 엘리베이터 안에는 통상 '주의사항'이 붙어 있는데, 그 중에는 "출입문이 열리면 엘리베이터가 정상으로 도착하였는지 확인 후 승 · 하차 하십시오."라는 말도 있다. 그런데 엘리베이터가 차인가? '승 · 하차'라니? 왜 굳이 한자말을 써서 사리에 맞지도 않는 문장을 만드는가? 그냥 '타고 내리다'라고 하면 될 것이다.

(14) 여형제(女兄弟)

앞에서 자매에 대하여 이야기하였으니 내친 김에 '여형제(女兄弟)'라는 말에 대해서도 생각해보자. 어지간한 국어사전에는

'자매'와 같은 뜻으로 '여형제'라는 말이 올라 있다. 그런데 '형제'라는 말은 본래 같은 부모에게서 난 남자들을 묶어 부르는 말이다. 같은 부모에게서 난 여자들을 묶어서 '자매'라고 하는 말이 있음에도 본래 남성을 나타내는 '형제'라는 말을 쓰고 거기에 여성성을 나타내는 '여'자를 덧붙여 표현하는 것은 우리 사회가 오랜 동안 남성 위주로 유지되어 온 것이 언어의 관행에 반영된 것으로 생각된다. '형제'를 대신하는 말로써 '남자매(男姉妹)'라는 말이 쓰이지 않는 현상도 그런 추론을 뒷받침할 것이다.

(15) 재원(才媛)

(가) 법률가는 고리타분하다고 여겼던 전 전 대통령의 기호에 맞춰 경제학과에서 가장 똑똑한 ***재원****으로 소문났던 윤 의원이 추천됐고 결국 결혼까지 이어졌다는 이야기다.*[204]

(나) 봄바니에 웨딩의 장준영 대표는 김태희와 결혼할 남성은 연대 경영학과를 나온 ***재원****으로 현재는 회계사로 근무하고 있는 7살 연상의 송모 씨라고 전했다.*[205]

이 인용문에서 굵은 글씨체로 표시한 '재원'이라는 말은 한자로 '才媛(재원)'이라고 쓴다. '才媛(재원)'의 '媛(원)'자에는 여성을 나타내는 '녀(女)'자가 붙어 있다. 그래서 '원(媛)'자에는 '재능과

204 네이버 블로그 경제뉴스 정○○ 기자 2010.09.03.

205 동아닷컴 한○○ 기자 2012.06.12.

덕성이 뛰어난 미인'이라는 뜻이 담겨 있다. 이 글자는 그냥 '예쁘다' '아름답다'라는 뜻으로도 쓰인다. '여성'을 나타내는 '女(녀)'자와 '끌다' '당기다'라는 뜻이 있는 '爰(원)'자가 합하여서 '아름다워서 마음이 끌리게 하는 여성'이라는 뜻을 나타내는 것이라고 설명하기도 한다.[206]

그런데 위 인용문에서는 남자인 것이 분명한 윤 의원과 장준영 대표의 재능을 강조하면서 '재원(才媛)'이라는 말을 썼다. 여성성이 너무나도 선명한 '원(媛)'자를 남자에게 적용하였으니 문제가 있는 것이 분명하다. 위 인용문의 저자들은 글자 구성상 '재능이 있으면서 미모도 겸비하고 있는 젊은 여자'를 나타내는 '재원'이라는 말의 본래 의미와 성격을 제대로 파악하지 못하여 남녀를 불문하고 재능 있는 사람을 지칭하는 말이라고 생각한 듯하다. 성별을 가름하여 제한적으로 써야 할 단어를 범주를 확장시켜 적용함으로써 범한 오류의 한 가지라고 할 수 있다. 위 인용문의 문맥에 맞는 것은 '재사(才士)'라는 말일 것이다.

(16) 제창(齊唱)

*(가) 가수 임재범이 무반주로 애국가를 **제창**해 화제다.*[207]

---

206 《漢韓大字典》(민중서림 편집국 편, 서울: 민중서림, 2005년 초판 제8쇄.) 제545쪽 참조.

207 ⓒ 뉴스웨이브 2011.06.20.

*(나) 임재범 '무반주 상태' 애국가 **제창**[208]*

*(다) 임재범, 애국가 무반주 **제창** '가슴을 울리네' 가수 임재범이 애국가를 **제창**해 눈길을 끌고 있다. 임재범은 19일 오후 서울 상암동 서울월드컵경기장에서 열린 '하나은행 후원 2012 런던올림픽 아시아 2차 예선' 대한민국과 요르단의 경기에서 무반주로 애국가를 **제창**했다.[209]*

*(라) 박정현은 MBC '우리들의 일밤-나는 가수다'(이하 나가수)를 통해 다시 한 번 뛰어난 가창력과 순수한 모습을 선보이며 많은 팬들의 사랑을 받고 있으며, 이번 같은 '나가수' 출신의 가수 임재범, 김범수에 이어 세 번째로 경기에 앞서 애국가를 **제창**하게 됐다.[210]*

*(마) 가수 허각이 인순이와 함께 전 세계적인 축제 대구 세계육상선수권대회 개막식에서 주제가를 **제창**한다.[211]*

국어사전에 실려 있는 '제창'이라는 말 중에서 노래하는 것과 관련된 것으로는 '제창(齊唱)'이 실려 있고, 거기에 "① 여러 사람이 다 같이 소리를 질러 부름"과 "② 민요의 가창 방식의 하나. 여러 사람이 같이 부르며, 독창과 다름이 없음"[212]이라는 뜻이 실려 있다. ②의 '여러 사람이 같이 부르며, 독창과 다름이

208 한강타임즈 연예 · 문화팀 2011.06.20.

209 엑스포츠뉴스 2011.06.20.

210 인터뷰 365 금○○ 기자 2011.07.23.

211 아츠뉴스 뷰티스타 금○○ 기자 2011.08.26.

212 《국어대사전》(이희승 편저, 서울:민중서림, 1994년 전면 개정 제3판.) 제 3426쪽.

없음'은 사실 "같은 가락을 두 사람 이상이 동시에 노래함"[213]을 말하는 것이다. '제창(齊唱)'의 '제(齊)' 곧 '가지런할 제(齊)'자에는 '함께'라는 뜻이 있기 때문에 '여러 사람이 함께 노래하는 것'을 '제창'이라고 한다. 그런데 (가)에서 (라)까지는 한 사람이 노래하는 경우이니 이들 모두는 어휘 선택이 잘못된 문장임이 명백하다. 그리고 '제창'이라고 하는 것은 적어도 세 사람 이상이 함께 노래하는 것을 말하지 두 사람이 같이 노래하는 것을 가리키지는 않는다. 두 사람이 노래하는 경우는 '이중창(二重唱)'이라고 한다. 그런즉 (마)에서의 어휘 선택도 문제가 있는 것이 분명하다.

굳이 한자어를 쓰기를 고집한다면 (가)에서 (라)까지의 '제창'은 '혼자서 노래한다'는 뜻의 '독창(獨唱)'으로 바꾸어야 한다. (마)의 경우는 '이중창(하다)'로 해야 할 것이다. 그런데 '이중창하다'는 말은 좀 부자연스러운 느낌이 있다. 이 경우는 차라리 순수한 우리말로 '함께 노래하다'라고 하는 것이 좋지 않겠는가? 사실 위 인용문 속의 모든 '제창'은 '노래하다'로 바꾸고 문맥에 따라 형태를 조절해서 쓰는 것이 훨씬 자연스럽고 알아듣기도 쉽다. 우리 사회에는 감당하지도 못하는 한자어를 굳이 사용하여 어색한 문장을 만드는 일이 비일비재하다는 사실을 다시 한 번 더 확인하게 된다.

213 국립국어원《표준국어대사전》

4) 난이도 높은 어휘에 대한 이해 부족

어색하거나 잘못 쓰인 한자어 중에는 혼동할 만한 이유를 찾기 어려운 경우도 있다. 그 어휘에 대한 이해가 충분하지 않거나 잘못 이해하고 있기 때문이라고 밖에 할 수 없는 경우가 그러하다. 전문적인 지식이 필요한데 그러지 못해서 범하게 되는 한자어 사용의 오류인 셈이다.

(1) 금과옥조(金科玉條)

(성폭행 혐의로 피소 당해 이틀간 인터넷을 떠들썩하게 장식한 개그맨 K씨는) 향후 방송 계획을 묻는 말에는 "앞으로 어떻게 될지 아직은 잘 모르겠다."며 "이번 일을 ***금과옥조***로 *삼아 행동을 조심해야겠다는 반성도 했다."고 말했다.*[214]

'금과옥조(金科玉條)'의 '과(科)'는 여러 가지 뜻으로 쓰이지만 그 중에는 '법(法)'이라는 뜻도 들어 있다. '가지 조(條)'자에도 '(규칙 따위를 정한) 조목'이라는 뜻이 있다. 그러므로 '과조(科條)'라는 말에는 '규범의 규정'이라는 뜻이 담기게 된다. 거기에 쇠 중에서 가장 좋은 '금(金)'자와 돌 중에서 가장 귀한 '옥(玉)'자를 붙여 수식하여 '금과옥조(金科玉條)'라고 하였으니, '금과옥조'라는 말은 '(반드시 지켜야 할) 훌륭하고 귀한 규범'이라는 뜻임을 짐작할 수 있다.

214 국민일보 쿠키뉴스 두○○ 기자 2011.10.14.

그런데 위 인용문에서는 '이번 일을 금과옥조로 삼는다'고 했는데, 문장 앞부분을 보면 그 '이번 일'이라는 것이 '성폭행 혐의로 피소 당한 것'이다. 그렇다면 위 인용문의 화자는 성폭행 혐의를 받았던 일을 귀한 규범으로 삼아 앞으로 그런 일을 열심히 하겠다는 뜻이 아닌가? 그게 행동을 조심하는 것이고 반성하는 것인가? '행동을 조심하고 반성'하겠다는 것이 진심이라면 '금과옥조'라는 말은 잘못 쓴 것이다. '지난 실수를 반성의 자료로 삼겠다'는 뜻을 나타내고자 한다면 '금과옥조로 삼아'라는 표현을 '거울로 삼아'라고 고쳐야 할 것이다.

(2) 망문문절(望聞問切)

일반인은 접하기 쉽지 않은 한의학 용어로 '망문문절(望聞問切)'이라는 말이 있다. 환자를 진찰하는 방법으로서 환자의 상태를 눈으로 파악하고, 냄새를 맡아보고, 환자의 상태에 대해서 물어보고, 진맥을 하는 네 가지를 말하는 것이다. 네이버 백과사전에는 그러한 내용이 소상하게 설명되어 있다.[215] 그런데 이 '망문문절(望聞問切)'을 다음과 같이 설명하는 경우도 종종 보게 된다.

(가) 동양의학에서 네 단계 問診法(문진법). 患者(환자)의 顔色(안

215 네이버 백과사전: "문진(聞診)은 환자의 숨소리나 목소리, 기침, 입이나 몸에서 나는 냄새, 대변의 냄새 등을 파악한다."

색)을 보고, ***病勢(병세)에 대해 들은*** *후, 다시 詳細(상세)히 病症(병증)을 질문하고, 脈(맥)을 보는 일.*[216]

(나) 진단의 4가지 강령(綱領)으로 눈으로 살피는 망진(望診), ***귀로 듣는 문진(聞診),*** *문답(問答)하는 문진(問診), 맥(脈)을 잡거나 몸을 만지는 절진(切診) 을 의미하는 용어임.*[217]

여기서 문제가 되는 것은 '문(聞)'을 '귀로 듣는다'라고 한 것이다. '환자가 고통을 호소하는 것을 듣고서 병을 진단한다'고 생각하는 것이다. 그러나 여기서 말하는 '문(聞)' 또는 '문진(聞診)'은 환자의 몸에서 나는 냄새를 맡는 것을 말한다. 환자가 앓고 있는 질병에 따라 특유의 냄새가 나기도 하기 때문이다. 그런데도 이런 오해가 생긴 것은 '聞(문)'자에는 '듣다'는 뜻 이외에도 '(냄새를) 맡다'라는 뜻이 있다는 것을 잘 모르는 이가 많기 때문이다. 중국어에서는 '냄새를 맡다'는 뜻으로 '聞(문)'자가 일상적으로 쓰이고 있는 것을 보면 한자어의 내밀한 뜻을 잘 알기 위해서는 중국어에도 조예가 있을 필요가 있음을 알 수 있다.

(3) 백(柏)

《논어(論語) · 자한(子罕)》편의 "(歲寒, 然後知松柏之後凋也(세한, 연후지송백지후조야)."라는 말은 널리 알려져 있는 명구다. 고등학교 교과서에도 등장한 적이 있는 구절이라서 글줄깨나 읽은 사람

216 네이버 지식사전(인문과학 > 언어학 > 고사성어)
217 네이버 지식사전(건강/의학 > 한방)

이라면 대개 다 잘 알고 있다. 그런데 이 구절은 오랜 동안 "날씨가 추워진 후에야 소나무와 잣나무가 늦게 시듦을 안다."로 해석되었다. 문제는 '柏(백)'자를 '잣나무'로 해석한 것이다. 《국어대사전》에도 '송백(松柏)'조에 "소나무와 잣나무"라고 새기고 있으니,[218] 우리나라에서는 '백(柏)'을 '잣나무'로 보는 것이 정설로 굳어져 있다고 해도 과언이 아니다.

그러나 그 '백'은 잣나무가 아니다. 측백나무 계통의 나무를 가리키는 말이다. 공자(孔子)의 고향인 중국 산동성(山東省) 곡부(曲阜) 지방에는 지금도 그런 나무가 많이 자라고 있는 것을 볼 수 있다.

잣나무는 소나무의 일종이다. 잣나무는 심재(心材)가 붉은 빛을 띠어서 '홍송(紅松)'이라고 하기도 하고, 멀리서 보면 그 잎에 흰빛이 돌아서 '백송(白松)'이라고 하기도 한다. 물론 줄기의 색이 흰빛을 띠는 소나무도 백송(白松)이라고 한다.

잣나무의 씨인 잣은 한자말로 그냥 '소나무 씨'라는 뜻의 '송자(松子)'라고 하고, 일본에서는 '소나무의 열매'라는 뜻의 '松の實' 또는 '한국 소나무의 열매'라는 뜻인 '朝鮮松の實'로 부른다고 한다.[219] 잣나무는 우리나라의 고유 수종이었던가 보다. 그런즉 '백(柏)'을 '잣나무'라고 한 것은 우리나라에서 오해한 것일 가

218 《국어대사전》(이희승 편저, 서울:민중서림, 1994년 전면 개정 제3판.) 제2130쪽.

219 《프라임 한일사전》(두산동아 사서편집국 편, 서울:(주)두산동아, 1994년 초판, 2001년 8쇄.) 제1645쪽.

능성이 높다. 국어사전에서 '잣'이라는 뜻의 한자어로 '송자(松子)'와 함께 '백자(柏子)'라는 말을 싣고 있는 것은 잣의 정통 한자어 표기와 한국적 오해의 소산인 한자어 표기를 동시에 인정한 것인데, 송(松)과 백(柏)은 다른 수종이므로 하나는 삭제해야 할 것이다.

그런데 재미있는 것은 지금 네이버 지식사전에는 《논어》의 그 구절을 "날씨가 추워진 후에야 소나무와 측백나무가 늦게 시듦을 안다."[220]고 번역하고 있다는 것이다. 잘못된 정보가 오랜 동안 전해져 오면서 정설로 굳어진 것도 후세의 각성과 노력에 의해 바로잡힐 수 있는 가능성을 보게 되는 것이다.

(4) 성하(聖下)

'성하(聖下)'는 천주교에서 교황에 대한 존칭으로 쓰는 말이다. 이 말은 근대에 천주교가 전래되고 나서 사용된 말일 것이다. 이 말은 중국이나 일본에서 편찬된 대사전에는 등재되어 있지 않다.[221] '성하(聖下)'라는 말은 아마도 우리나라에서 만든 것인 듯하다.

---

220 네이버 지식사전

221 《中文大辭典》(林尹 · 高明 主編, 臺北:中國文化大學出版部, 1973년 초판 1982년 第6版.)과《漢語大詞典》(漢語大詞典編輯委員會漢語大詞典編纂處, 上海:漢語大詞典出版社, 1989년 초판, 1994년 제3쇄.), 그리고《日本國語大辭典(縮刷版)》(日本大辭典刊行會, 日本 東京:小學館, 1980.)과《大漢和辭典(縮寫版)》(諸橋轍次 著, 日本 東京:大修館書店, 1968. 縮寫版 第2刷)에는 '성하(聖下)'라는 말이 수록되어 있지 않음.

'성하(聖下)'라는 말은 그 이전에 오랜 동안 쓰였던 '폐하(陛下)'나 '전하(殿下)' 등과 같은 호칭을 유추하여 만든 것일 것이다. 현실적으로는 전 세계 천주교의 최고 지도자를 '교황(敎皇)'이라고 하지만, 문자 그대로의 뜻을 본다면 '교황(敎皇)'은 '종교계의 황제'인 셈이다. 그렇다면 교황에 대한 경칭인 '성하(聖下)'는 중국에서 황제에 대한 존칭으로 쓰였던 '폐하(陛下)'가 그 기준이 되었을 것이다.

그런데 황제를 지칭하는 '폐하(陛下)'라는 말은 글자 그대로의 뜻만 보자면 거기에는 위대하거나 거룩한 의미는 전혀 들어 있지 않다. 궁전의 계단을 뜻하는 '폐(陛)'자와 '아래 하(下)'자만 들어 있다. 위대함이나 거룩함과는 거리가 먼 천한 것을 가리키는 말일 뿐이다. '폐하(陛下)'라는 말의 뜻은 원래 그러한 것이다. '폐하(陛下)'가 지고무상의 황제를 가리키게 된 것은 이 말이 본래 그렇게 천한 사물을 지칭하기 때문이었다.

신하들은 절대 지존인 황제를 감히 직접 부르지 못해서 황제와 대화할 때에 황제를 호위하기 위해서 계단 아래에 서 있는 사람을 불러 이야기하는 형식을 취했다. 낮은 것을 이용하여 상대방에 대한 존경을 드러내고자 했던 것이다. 이런 연유로 하찮은 것을 가리키는 '폐하(陛下)'가 지고무상의 황제를 가리키는 말이 되었다. 계단보다 더 웅장한 '궁전 전(殿)'자를 쓴 '전하(殿下)'가 '폐하(陛下)'보다 격이 낮은 이유도 그 때문일 것이다.

황제를 가리키는 말 중에는 '지고무상의 군주'라는 뜻을 담고 있는 '성상(聖上)'이라는 말이 있다는 것도 생각해볼 필요가 있다. '성하(聖下)'는 어째 '성상(聖上)'과 반대가 되거나, 아니면 '성상(聖上)'에 대한 보완적인 존재를 나타내는 말처럼 보이지 않는가? 이러한 정황으로 보아 교황이 지상에서 최고로 성스러운 존재임을 드러내려고 '성스럽다' 또는 '거룩하다'라는 뜻을 담고 있는 '성(聖)'자를 붙여서 만든 '성하(聖下)'라는 존칭은 잘못된 유추의 결과물이 아닌지 한 번 생각해볼 여지가 있을 것이다.

(5) 암초(暗礁)

도쿄(東京)에서 남쪽으로 1740km 떨어진 오키노도리는 원래 바다 위로 솟은 면적이 30cm에 불과한 ***암초****였으나 일본은 1980년대에 콘크리트 보강공사를 해 높이 3m에 반경 25m로 넓혀 놓았다.*[222]

문맥으로 보아 위 인용문의 '30cm'은 '30㎠'의 잘못인 듯하다. 그보다 문제는 '암초'라는 말에 있다. '암초'는 '어두울 암(暗)'자와 '물속 돌 초(礁)'자로 되어 있으므로, 물속에 있는 돌로서 눈에 띄지 않는 것이어야 한다.[223] '초(礁)'는 물속에 있는 돌로서 수면 밖으로 드러날 수도 있고 수면 아래에 감추어져 있을 수도

222 donga.com 천○○ 특파원 2006.04.15.

223 이희승의 《국어대사전》에서는 "해면(海面) 가까이 숨어 있어 보이지 않는 바위."라고 하였고, 《漢語大詞典》에서는 "강이나 바다 속에 솟아 있으나 수면 위로 노출되지 않는 암석, 항행의 장애물이다."라고 하였다. 모두 물속에 들어 있어서 눈에 띄지 않는 바위나 돌을 '암초'라고 하고 있음을 알 수 있다.

있으나, '어두울 암(暗)'자 때문에 그 범위가 '수면 아래에 있어서 눈에 띄지 않는 것'으로 제한되기 때문이다. 그런데 위 인용문에서는 '암초'라고 하고서 그것이 물 위에 드러나 있는 것이라고 하였으니 적합한 단어 선택이라고 할 수 없다.

우리말에서는 물위로 삐죽 나와 있는 바위만을 가리키는 말이 별로 쓰이지 않아 그것도 '암초'라고 하지만, 중국의 경우를 참조해보면 그것을 '초(礁)'의 성격을 구체화하여 '돌 석(石)'자를 덧붙인 '초석(礁石)'이라고 하는 것이 타당할 것으로 생각된다.[224]

재미있는 것은 우리나라 사전에서도 '초석(礁石)'이라는 말을 싣고 있으나, 이것을 '암초(暗礁)'와 같은 말로 취급하고 있다는 것이다.[225] 앞에서 언급했듯이 '초(礁)'의 성격을 구체화하여 '돌 석(石)'자를 덧붙인 것이 '초석(礁石)'인데, '암초(暗礁)'와 '초석(礁石)'을 같은 말이라고 하는 것은 '암(暗)'자가 아무런 의미가 없다는 말이 된다. 어휘의 뜻풀이에 무리가 있는 것이 분명하다. '초석(礁石)은 '강이나 바다의 수면에서 가까운 암석'으로 물 위로 드러날 수도 있고 물속에 잠겨 있어 보이지 않을 수도 있으나, '암초'는 물속에 잠겨 있어 보이지 않는 것만을 가리키는 말로 써야 옳을 것이다.

---

224 《漢語大詞典》에서는 '礁石(초석)'을 "강이나 바다의 수면에서 가까운 암석"이라고 하였는데, 이것은 '강이나 바다의 물 아래에 숨어 있거나 수면 위로 노출된 암석'으로 정의한 '礁(초)'의 뜻과 같은 것으로 볼 수 있을 것이다.

225 이희승의 《국어대사전》에서는 '초석(礁石'을 "물속에 들어 있어서 표면에 나타나지 않은 돌."이라고 하였고, 국립국어원의 《국어대사전》에서는 '암초'와 같은 말이라고 하였다.

'암초'라는 말이 나왔으니 중국과의 영유권 분쟁 소지를 안고 있는 이어도를 생각하지 않을 수 없다. 중국과의 이어도 영유권 분쟁을 촉발시킨 이는 한국 정부가 준 장학금을 받고 한국에 와서 공부한 중국인 유학생이라고 하는데, 그는 그들이 소암초(蘇巖礁)라고 부르는 이어도의 영유권을 주장하면서 한편으로는 한국이 암초에 '섬'이라는 뜻의 '도(島)'라는 이름을 붙인 것을 두고 한국인들이 무식하다는 논조를 펼치기도 하였던 것을 기억한다. 물론 현재의 그것만을 두고 보면 '도(島)'가 아니라 '초(礁)'라고 하는 것이 백번 옳다. 그러나 그 암초에 '이어도'라는 이름을 붙인 것은 옛날 그 지점에 사람이 사는 섬이 있었다는 전설에 근거한 것이기 때문에 전혀 문제될 것이 없다. 그 중국 유학생이 '이어도'라는 이름을 두고 빈정거렸던 것은 하나는 알고 둘은 몰라서 그랬던 망발이다.

(6) 연비(燃比)와 연비(燃費)

*(가) 고유가 공포는 자동차 시장의 판도를 바꿔놓을 전망이다. 저**연비**에 기름값이 절약되는 것은 기본. 차량 구매 시 등록세가 면제되고 공영주차장 주차료와 고속도로 통행료 등은 절반만 내면 된다.*[226]

*(나) 많은 분들이 중형차가 아닌 준중형을 사는 이유가 **연비**의 절감 때문일 텐데요.*[227]

226 아시아경제 이코노믹리뷰 김○○ 기자 2011.02.12.
227 네이버 블로그

공학의 전문용어처럼 여겨지던 '연비'라는 말이 우리의 일상생활 속으로 들어온 것은 자가용 자동차가 보편화되면서부터라고 생각된다. 필자는 어렴풋하나마 '내연기관의 투입 연료 대비 발생 에너지의 양'을 나타내는 말을 '연비'라고 한다고 고교과정에서 배운 것으로 기억하고 있다. 그러므로 어떤 기계의 연비가 높다는 것은 그 기계의 에너지 효율이 높다는 것, 그래서 그 기계의 성능이 우수하다는 것으로 알고 있었다. 필자가 '연비'라는 말이 잘못 쓰인다는 혐의를 잡고 인터넷 상에서 위의 두 인용문을 찾아낸 것은 바로 그 때문이다.

그러나 실제 사정은 그렇게 간단하지 않다. 많은 사람들이 '연비'라는 개념을 서로 상반되게 사용하고 있다. 더욱 놀라운 것은 정반대의 뜻으로 써도 되는 근거가 인터넷 상에 존재하고 있다는 것이다. 국립국어원의 《표준국어대사전》에서는 '연비(燃比)'라는 항목에 "자동차의 단위 연료 당 주행 거리의 비율."이라고 하였고, 또 '연비(燃費)'라는 항목에는 "자동차가 단위 주행 거리 또는 단위 시간당 소비하는 연료의 양. ≒연료 소비율."이라고도 하였다. '연비(燃比)'가 높아지면 '연비(燃費)'가 떨어지고, '연비(燃比)'가 낮아지면 '연비(燃費)'가 높아진다는 말이다.

네이버 어학사전(국어)에서도 국립국어원의 《표준국어대사전》의 경우와 대동소이하게 '연비(燃比)'를 "자동차의 단위 연료 당 주행 거리의 비율."이라고 하였고, '연비(燃費)'는 "자동차가 단위 주행 거리 또는 단위 시간당 소비하는 연료의 양."이라고 하였다. 한자를 병기하지 않은 채 한글만으로 '연비'라는 말을 쓰면 정반대의 상황을 모두 포괄할 수 있게 되어 있는 셈이다. 일상생활에 흔히 쓰이는 말이 정반대로 이해될 수 있는 소지를 충분히 갖추고 있다는 것은 매우 심각한 문제가 아닐 수 없다. 언어 관련 당국은 일상 언어생활에서 오해의 소지가 없도록 이 문제를 시급히 해결해야 될 것이다.[228] 참고로 '연비'라는 말과 가장 관련이 깊은 자동차 회사에서는 이희승 《국어대사전》의 경우와 유사하게 '자동차가 1리터의 연료로 달릴 수 있는 km 수'를 '연비'의 정의로 삼고 있음을 첨언해두기로 한다.

(7) 일천(日淺)

박정민은 현재 시나리오를 쓰는 법도 조금씩 배우고 있다고 살짝 귀띔했다. 그러나 "아직까지 '글을 쓴다'고 하기에 실력이 ***일천****하다"며 멋쩍게 웃었다.*[229]

문맥으로 보아 이 인용문 중의 '일천'은 '날 일(日)'자와 '얕을 천(淺)'자로 이루어진 '일천(日淺)'이 분명하다. 그런데 '일천(日淺)'

---

228 국립국어원의 《표준국어대사전》과 네이버 어학사전의 경우와는 달리 1994년 전면 개정판으로 나온 이희승의 《국어대사전》에는 '연비(燃比)' 항목에 "자동차 등이 1리터의 연료로 달릴 수 있는 km 수. 연료 소비 효율(效率)"이라고 해설하였으나 '연비(燃費)'는 수록하지 않았다. 그런데 《日本國語大辭典(縮刷版)》(日本大辭典刊行會, 日本 東京:小學館, 1980.)에는 '연비(燃費)'만 등재되어 있고, '연비(燃比)'는 빠져 있다. 그래서 우리나라에서는 처음에 '연비(燃比)'라는 말만 썼으나 나중에 일본말의 영향을 받아 '연비(燃費)'라는 말도 함께 쓰게 되지 않았을까 하고 짐작해본다.

229 CBS 노컷뉴스 오○○ 기자 2008.02.01.

의 '일(日)'은 '시간'을 나타내는 말이고, '천(淺)'은 많지 않음을 나타내는 말이다. 그래서 '일천(日淺)'이라는 말은 주로 '경험이나 경력이 오래되지 않음'을 나타내는 말로 쓰인다. 물론 경험과 경력이 오래되지 않으면 실력이 좋기가 힘들지만, 그렇다고 배움이라는 과정과 실력이라는 결과를 동일시하는 것은 곤란하다. 배움이 '일천'하여 실력이 '부족'한 상황을 위 인용문처럼 말하면 어색할 수밖에 없다.

(8) 정방형(正方形)

*주위가 석축으로 이루어진 연당은 **정방형**으로 정면 16m, 측면 11.5m의 규모이며, 한가운데는 관상노송이 운치 있게 식재되어 있다.*[230]

이 인용문은 서울에서 그리 멀지 않은 양평이라는 지역에 있는 자그마한 명소 세심정(洗心亭)을 소개하는 문장의 일부분이다. 문제는 '정방형(正方形)'이라는 말에 있다. '정방형'은 가로와 세로의 길이가 같은 사각형을 일컫는 말이다. 곧 '정사각형'과 같은 말이 정방형인 것이다. 그런데 위의 인용문에서 정방형이라고 한 것은 정면과 측면의 길이가 다르다. 정사각형이 아니라 직사각형의 꼴을 하고 있는 것이다. 그렇다면 그것은 '정방형'이 아니라 '장방형(長方形)'이라고 해야 한다. '장방형'은 '직사각

230 Naver 지식 iN 2005.11.03.

형'과 같은 말이다. 같은 한자말이라도 좀 더 쉬운 말을 선택하려고 했더라면 이런 황당한 오류는 범하지 않았을 것이다.

(9) 주마등(走馬燈)

*1993년 약대 졸업 후 서울의 한 조그만 약국에서 관리 약사로 처음 사회생활을 시작했죠. 1년 정도 일했는데 제 체질에는 안 맞더라고요. 그즈음 잡오프닝(Job-opening·채용 공석)이 떠서 대형 외국계 제약사에 지원했고, 어느덧 20년이란 시간이 **주마등**처럼 지나 이제 대표가 됐네요.*[231]

옛날에 장식적인 장난감으로 쓰이던 주마등(走馬燈)은 종이나 베로 만든 등롱 안에 돌릴 수 있는 바퀴를 설치하고 바퀴의 가장자리에는 종이로 말이나 사람의 형상을 만들어 붙인 다음 그 아래에 촛불을 켜면 촛불의 열에 의해 공기의 대류가 일어나 그 힘으로 바퀴가 회전하면서 바깥의 등롱에 말이나 사람이 움직이는 그림자가 비치게 만든 것이다. 결국 이 주마등의 특색은 움직이는 그림자에 있다. 사람들은 주마등의 움직이는 그림자를 보면서 과거의 추억이 시각적 이미지로 뇌리에 부침하는 것과 비슷한 느낌을 받게 되므로 지나온 과거의 여러 가지 일들을 회상하면서 그것이 '주마등같다'고 한다. 물론 주마등의 빠른 움직임 속에서 시간의 빠른 흐름과 세월의 덧없음도 느끼게 된다. 그러므로 세월의 빠름과 덧없음을 주마등에 비유할 때에는 뇌리에 이미지를

---

231 mk뉴스 김○○ 기자 2012.05.10.

떠올리는 과거의 회상이 전제되어야 적절한 비유가 된다.

위의 인용문은 크게 문제가 있는 것은 아니라고 본다. 그렇지만 여기에 쓰인 '주마등'은 문맥상 세월의 흐름이 빠른 것만을 나타내려고 하였다는 느낌이 강하다는 점에서 비유의 적절성 여부를 짚어볼 필요가 있다고 본다. 단순히 그 '빠름'만을 나타내려고 했다면 차라리 '쏜 살'이나 '번개' 따위가 더 좋지 않았을까 하고 생각해본다.

(10) 화창(和暢)

*고인의 장례절차는 **쌀쌀했지만 화창한** 날씨 속에 조촐하고 차분하게 진행됐다.*[232]

흔히 접하는 문장 같으나 따지고 보면 문제가 없지 않다. '화창(和暢)'의 '화(和)'에는 여러 가지 뜻이 있지만, 그 중에는 '순하다' 또는 '알맞다'라는 뜻이 있으며 '따뜻하다'라는 뜻도 있다. 그래서 '화창'의 '화'에는 '말하는 사람의 느낌이나 기분이 좋은 따뜻한 분위기'를 함축하고 있다. 그리고 '창(暢)'자에는 '툭 터짐'이라는 뜻이 들어 있는데, '화창'의 '창'은 날씨가 맑아 시야가 툭 터짐을 나타낸다. 그러므로 날씨를 설명하여 '화창(和暢)'이라고 할 때에는 '적당하게 따뜻하고 맑게 갠 날씨'를 뜻하게 된다. '화창'이라는 말이 적용되려면 적당한 기온과 넓은 시야라는 조

232 중앙일보 신○○ 기자 2011.01.26.

건이 동시에 갖추어져야 하는 것이다. 그런데 '쌀쌀하다'라는 말은 느끼기에 기분이 좋은 온도가 아니라 그 반대로 기운 경우를 암시한다. 그렇다면 '쌀쌀하다'와 '화창'의 '화(和)'자는 양립할 수가 없는 개념이 된다. 넓은 시야가 확보되는 맑은 날씨만을 강조하려면 '화창(和暢)'이 아니라 '쾌청(快晴)'이라고 써야 할 것이다. '맑을 청(晴)'자 앞에 있는 이 '쾌(快)'에는 툭 터진 시야가 가져다주는 시원한 느낌이 함축되어 있으므로, '쾌청(快晴)은 결국 '화창(和暢)'의 '창(暢)'과 별반 다를 바 없는 셈이 된다.

(11) 활주(活柱)

우리나라 고건축 용어 중에 '활주(活柱)'라는 말이 있다. 규모가 큰 사찰에 있는 큰 건물의 추녀에는 중력에 의한 붕괴를 방지하기 위해서 건물 자체에 들어 있는 기둥보다 굵기가 훨씬 가는 기둥으로 받쳐 놓은 것을 간혹 볼 수 있는데, 그것이 바로 '활주'다. 건축물을 구성하는 다른 기둥들은 모두 고정되어 있지만, '활주'는 고정되어 있지 않다. 사정에 따라 움직일 수 있는 구조로 되어 있다. 아마도 건물을 처음 지을 때에는 없었으나 후에 건축물의 안전을 고려하여 덧댄 것일 것이다.

그런데 《국어대사전》[233]을 위시한 사전에서는 '활주'를 "굽은 기둥. 무엇을 받치거나 버티는 데 씀."이라고 해설하고 있고, "무엇을 받치거나 버티는 데 쓰는 굽은 기둥"이라고 한 것도 있다.

233 《국어대사전》(이희승 편저, 서울:민중서림, 1994년 전면 개정 제3판.)

그러나 커다란 추녀의 붕괴를 막기 위해서 받쳐 놓은 그 활주는 결코 그것이 특징이 될 만큼 굽어 있지 않다. 뭔가 잘못되었다. '활(活)'자의 뜻에 충분한 주의를 기울이지 않았기 때문이다.

'活(활)'자에는 '살아 있다'라는 뜻과 함께 '움직이다'라는 뜻도 있다. 중국어에서는 피스톤에 들어 있는 밸브를 '활새(活塞)'라고 한다. '움직이는 마개'라는 뜻이다. 그런즉 '활주(活柱)'라는 말은 움직일 수 없는 다른 기둥과 달리 움직일 수 있는 것이 그 특징인 것에 초점을 맞추어 '움직일 수 있는 기둥'이라는 뜻을 나타내고자 한 것이 분명하다.

이와 같은 경우를 통해서 한자의 적통은 아무래도 중국에 있으므로 한자어의 의미를 따지는 데에는 중국어의 용법도 참고할 필요가 있다는 사실을 인정하지 않을 수 없게 된다. 한자어가 큰 비중을 차지하는 우리말의 현실에서 볼 때, 차후 국어사전을 편찬하거나 개정하는 데에는 중국어에 능통한 사람도 참여시킬 필요성이 있다는 점을 시사하는 것이라고 할 것이다.

05 말뜻의 중복

1) 수식어의 중복

우리의 언어생활에서는 우리말과 같은 뜻의 한자말을 중복해서 쓰는 경우를 종종 보게 된다. 예컨대 흔히 들을 수 있는 '흰백고무신'이라는 말에는 '희다'라는 우리말과 역시 '희다'라는 뜻을 나타내는 '백(白)'자가 겹치고, '차가운 냉수' 역시 '차갑다'라는 우리말과 '차다'라는 뜻을 가진 '냉(冷)'자가 중복되고 있다. 한자의 뜻을 새겨서 말하자면 '흰백고무신'은 '흰흰고무신'이 되고, '차가운 냉수'는 '차가운 찬물'이라는 말이 될 터인즉 '검은 흰고무신'이나 '뜨거운 찬물'이 존재할 수 있는 것이 아니라면 쓸데없는 말을 덧붙인 것에 불과하다. 그런데 이런 현상은 무심코 사용하는 말들에서 적지 않게 발견된다.

(1) 대나무 죽순(竹筍)

*(가) 아침밥 대신 간단하게 ~ **대나무 죽순**을 넣은 영양죽*[234]

*(나) 요즘 **대나무 죽순**이 잘 크고 있어요. 그래서 부여 북고리의 누*

234 네이버 블로그

> *님댁에* ***죽순****을 따려고 갔어요. ……* ***대나무 죽순*** *처음 따 보았어요.*[235]

'대나무 죽순'이라는 말은 일상생활에서 쉽게 들어볼 수 있다. 그와 무관하지 않게 네이버 블로그에서도 위의 인용문을 포함하여 '대나무 죽순'이라는 말이 들어 있는 문구를 쉽게 찾을 수 있다.

'죽순(竹筍)'의 '순(筍)'은 그 자체가 본래 대나무의 어린 싹을 가리키는 말이다. 거기에 '대나무'라는 뜻을 가진 '죽(竹)'이 한 번 더 덧붙여져 '죽순(竹筍)'이라는 말이 만들어졌다. 그런데 많은 사람들은 그것도 부족하여 위 인용문의 경우처럼 '대나무 죽순'이라는 말을 쓰곤 한다. '대나무 죽순'을 축자적으로 우리말로 옮긴다면 '대나무 대나무 대나무 싹'이 되는 셈이다. '순(筍)'이라는 글자 하나가 이미 하나의 사물을 나타내지만 외자로 된 단어를 선호하지 않는 언어습관에 따라 관련이 있는 뜻이 들어 있는 '죽(竹)'자를 하나 더 붙인 것까지는 이해할 수 있다. 그렇지만 거기에 '대나무'라는 말을 또 덧붙인 것은 지나친 노파심의 발로라고 하지 않을 수 없다. '죽순'이라는 말이 우리말과는 결이 다른 한자말인데다 우리말 '대나무'와 발음상의 공통점도 없는 것이 불안한 나머지 상대방에게 쉽게 이해시키기 위하여 '대나무'라는 말을 덧붙인 것으로 생각되기 때문이다. 대나무 이외의 나무에서 자라는 죽순이 있을 수 없다는 사실에서 보더

235 네이버 블로그

라도 '대나무 죽순'의 '대나무'는 지나친 중복이라고 하지 않을 수 없다.

(2) 대머리 독(禿)수리

*(가) 알을 맛있게 먹고 있을 때 비슷한 몸집의 검은색 독수리 한 마리가 나타나 같이 식사를 즐긴다. 잠시 후 더 큰 몸집의 **대머리 독수리**가 나타나 먹이를 독차지 하자 허탈해하며 자리를 뜨고 만다.*[236]

*(나) 한 남성이 인공호흡을 통해 부상당한 **대머리 독수리**의 생명을 살리는 장면이 담긴 비디오가 퍼지면서 영웅으로 등극했다.*[237]

위 인용문에서 굵은 글씨체로 표시한 '대머리독수리'는 아프리카의 야생동물에 관한 다큐멘터리에 사바나의 청소동물로 자주 등장한다. 대머리독수리는 사람들에게 널리 알려져 있고 그에 따라서 대머리독수리도 사람들의 입에 흔히 오르내리는 말이다. 대머리독수리는 이렇게 익숙한 말이지만 그 뜻을 곰곰이 따져 보면 석연치 않은 구석이 존재한다.

'독수리'라는 말에서 '독'은 한자이고 '수리'는 순수한 우리말이다. '독(禿)'은 대머리라는 뜻이고, 수리는 매목에 속하는 맹금류의 한 무리를 가리키는 말이다. 그 무리에는 '쿠퍼수리' '달마수리' 등 217종이 있다고 한다. 그 중의 한 가지가 바로 독수리

---

236 포커스신문사 소○○ 기자 2011.10.16.

237 매일경제 mk뉴스 뉴스속보부 2011.07.19.

다. 수리 종류 중에서 목 부분과 정수리에 털이 없는 종류를 한자와 우리말을 섞어서 부른 것이 '독수리(禿수리)'인 것이다. 이 종류는 우리나라에서도 흔히 발견되는데, 그 때문에 독수리가 수리 무리의 대표적인 명칭이 된 듯하다.

그런데 아프리카 사바나에 서식하는 그 독수리는 머리 부분의 상태가 훨씬 심각하다. 목에서부터 머리 전체가 털 없는 살갗이 드러나 있는 상태로 되어 있다. 진정한 대머리의 모습이다. 그래서 급기야 수리 무리의 대표격인 '독수리'에 그 특징을 나타내는 '대머리'를 붙여서 '대머리독수리'라는 말이 생겨난 것으로 생각된다. 사정은 그렇게 이해되지만, '대머리'라는 우리말과 그것과 같은 뜻인 한자 '독(禿)'을 중복해서 쓴 '대머리독수리'는 아무래도 좀 이상하다. 한자의 느낌이 우리말처럼 절실하게 다가오지 않아서 이런 희한한 말을 만들어내게 되었을 것으로 짐작된다. 처음 '대머리독수리'라는 말을 만들어낸 사람이 그 정도의 지식이 없었을 것이라고는 생각하지 않지만, 그래도 사고가 충분히 논리적이지 않았다는 혐의를 완전히 떨쳐내기는 어렵다.

(3) 모래사장(沙場)

*(가) 달빛 아래 고운 **모래사장** … 이제는 흔적만 남아*[238]

*(나) 잔잔하게 밀려드는 파도는 사람들을 부르고, **모래사장**은 이내*

238 인천일보 김○○ 기자 2012.07.30.

피서객들로 활기가 넘쳐납니다.[239]

(다) 울창한 송림과 드넓은 ***모래사장****으로 유명한 태안군 남면 몽산포해수욕장에서 열리는 이번 축제는 '꿈꾸는 바다'를 주제로 몽산포해수욕장번영회(회장 최귀열)가 주최하고 태안군에서 후원한다.*[240]

위 인용문들에 공통으로 들어 있는 굵은 글씨체의 '모래사장'은 일상생활에서 매우 흔히 접할 수 있는 말이다. 너무나도 익숙한 말이기에 이 말을 논의의 거리로 삼는다는 것 자체가 이미 뜬금없는 일로 보일지도 모르겠다. 그러나 모래사장이라는 말을 한 번 들여다보면 같은 말이 중복되어 있다는 사실이 금세 드러난다. 한자어 '사장(沙場)'의 한자 '사(沙)'자가 '모래'라는 뜻이기 때문이다. 그래서 '마당 장(場)'자마저 우리말로 새긴다면, '모래사장'은 결국 '모래 모래마당'이 되어 버린다. 한자어를 쓰고 싶으면 그냥 '사장'이라고 하든가 우리말로 하고 싶으면 '모래가 넓게 덮여 있는 곳'을 뜻하는 우리말을 사용했어야 할 것이다.

그렇지만 '모래사장'이라는 말이 하도 많이 쓰이다보니 어색한 구성으로 되어 있는 이 말을 국어학계에서는 표준말로 인정한 듯하다. 국립국어원의 《표준국어대사전》에는 '모래사장(--沙場)'이라는 말을 올려놓고서 "강가나 바닷가에 있는 넓고 큰 모

239 YTN 유○○ 기자 2012.07.29.

240 중도일보 김○○ 기자 2012.07.26.

래벌판."이라고 해설하고 있다. 그리고 그와 같은 말로는 모래톱과 '사장'을 들었고, '사장'은 한자로 '沙場(사장)'또는 '砂場(사장)'으로 쓴다고 하였다. 그리고 그와 비슷한 말로는 '모래강변'이 있다고 하였다.

국립국어원의 《표준국어대사전》의 설명에 따르면 '모래사장'은 결국 '사장'과 같은 말이라는 것이다. 그것은 결국 '모래사장'에는 '모래'라는 중첩되는, 그래서 없어도 되는 말이 덧붙어 있다는 것을 인정하는 것과 다름없다. 재미있는 일은 국립국어원의 이 《표준국어대사전》에는 '모래밭'이라는 말을 싣고서, 그 뜻을 "모래가 넓게 덮여 있는 곳"이라고 하였다. 앞에서 '모래사장'을 순수한 우리말로 바꿀 필요가 있을 것이라고 했는데, 바로 이 '모래밭'이 그에 해당하는 것임을 알 수 있다. 우리말을 소중하게 여겨서 일상의 언어생활에 적극적으로 쓰려고 한다면 '모래밭'으로 충분할 것이며, '모래사장'은 생겨날 필요가 없었던 말이었음을 국립국어원의 《표준국어대사전》이 잘 보여주고 있다고 할 것이다. 그리고 이 사전에서는 '모래사장'과 비슷한 말로 '모래강변'이 있다고 하였는데, '모래해변'은 왜 올리지 않았는지 알다가도 모를 일이다.

(4) 아는 지인(知人)

*(가) 인크루트 추천글은 내가 잘 **아는 지인**에게 나에 대한 추천의 글을 부탁하고 이력서에 붙여 스펙으로는 보여줄 수 없는 나만의 강점을 어필할 수 있어 구직자들의 호응을 얻고 있다.*[241]

(나) "회사직원이나 교회 ***아는 지인****들, 주변 친인척 명의로 만든 차명계좌를 이용해서 돈을 세탁해 빼돌렸습니다."*[242]

(다) 반년 넘게 이런 생활이 계속 되자 ***아는 지인****의 소개로 척추전문 병원을 찾아가 '척추관협착증'이란 진단을 받았고, 결국 문제는 다리가 아니라 척추에 있음을 알게 됐다.*[243]

위 인용문들에서도 확인할 수 있듯이 '아는 지인'이라는 말은 일상생활에서 매우 흔히 들을 수 있다. 기자 정도의 수준급 지식인에서부터 일반인에 이르기까지 흔히들 쓰는 말이 이 '아는 지인'이라는 말이다. 그런데 '아는 지인'의 '지인'은 '알 지(知)'자와 '사람 인(人)'자로 되어 있다. 소위 '(잘) 아는 사람'을 '지인'이라는 한자말로 표현한 것이다. 그런데 위 세 인용문에서는 모두 그 '지인'에 '아는'이라는 말을 덧붙이고 있다. '알다'라는 뜻이 중복되어 있는 것이다. '아는 지인'은 '아는 사람'이라고 하든지 아니면 단순히 '지인'이라고만 해야지 같은 뜻을 중복하는 어색한 상황을 피할 수 있을 것이다.

241 파이낸셜뉴스 조○○ 기자 2012.06.13.

242 MBN뉴스 2012.06.10.

243 스포츠월드 최○○ 기자 2012.06.10.

2) 피수식어의 중복

(1) 수양(垂楊)버들

*원산지는 중국이며 특히 양쯔강 하류지방에서 많이 볼 수 있다. **수양버들**은 한자로 수양(垂楊)이라 하는데 중국의 수양산 근처에 많다고 하여 **수양버들**이 되었다고 하며, 또 조선왕조 때 수양대군의 이름을 따서 **수양버들**이 되었다고도 한다.*[244]

위 내용은 인터넷에 연결되어 있는 백과사전의 '수양버들(垂楊—)'이라는 표제어에 붙어 있는 설명문 중의 일부다. 재미있는 것은 '수양버들'의 한자표기에 앞의 '수양' 두 자는 '垂楊'이라는 한자를 표기하고, 나머지 버들은 그대로 두었다. 곧 '수양'은 한자말이고 '버들'은 순수한 우리말이라는 뜻이다. 그런데 '수양'의 '양(楊)'자는 '버드나무'라는 뜻이다. '수양버들'은 같은 뜻의 한자와 우리말이 중복되어 있는 것이다. '가지가 휘늘어진 버드나무'라는 뜻을 '드리울 수(垂)'자와 '버드나무 양(楊)'자를 합하여 '수양(垂楊)'이라고 하였으니, 사물의 명칭으로서의 '수양'은 지시하려고 하는 사물의 특성을 충실하게 나타내고 있다. 그럼에도 거기에 '버들'이라는 말을 한 번 더 쓴 것은 '수양'이라는 말의 느낌이 우리말처럼 살갑게 다가오지 않았기 때문일 것이다.

'수양버들'도 한자어로 쓰려면 '수양'이라고 하고, 순수 우리말로 하려면 '~버들'이라고 했어야 했을 것이다. 물론 '~버들'

---

244 네이버 백과사전

의 '~'은 순수한 우리말이어야 한다. 소나무 종류 중에 가지가 휘늘어지는 것을 처진소나무라고 하고[245], 벚나무 중에서 가지가 휘늘어지는 것을 처진벚나무라고 하는 관행에 비추어보면 '처진버드나무'라고 불렀어도 좋았을 것이다.

이 설명문이 드러내는 또 하나의 문제점은 '수양버들'의 '수양'을 '수양산'의 '수양'이나 '수양대군'의 '수양'과 결부시킨다는 점이다. '수양버들'의 '수양'은 한자로 '垂楊'이지만, '수양산'과 '수양대군'의 '수양'은 '首陽'이므로 이들 간에는 전혀 상관성이 없다. 그럼에도 불구하고 단지 우리말 발음이 같은 것에 근거한 그런 설을 소개하는 것은 이 글을 쓴 사람의 한자에 대한 감각이 매우 떨어진다는 것을 의미한다. 이 설명문의 앞쪽에 이 나무의 특징을 설명한 부분에는 "가지는 아래로 늘어지며 작은 가지는 적자색이다."라고 한 부분도 있는데, 그 '아래로 늘어지며'라는 것이 곧 '수양(垂楊)'의 '수(垂)'자의 뜻에 해당한다는 사실도 정확하게 이해하지 못하고 있다는 의심을 품게 하는 것이다. 정확하고 편리한 의사소통을 위해서는 우리말을 잘 살리는 것이 무엇보다 중요하다는 사실을 에둘러서 증명하는 사례라고 할 수도 있을 것이다.

245 예컨대 경상북도 청도군 매전면 동산리에 있는 처진소나무.

(2) 한우(韓牛)소

*(가) 경기도 방역대책본부는 이날 파주 **한우소**의 구제역 확진 판명 뒤 해당농장 한우 100마리를 긴급 살처분하고, 반경 500m 내 한우농장 7곳의 한우 500여 마리도 예방적으로 매몰 처분할 계획이다.*[246]

*(나) 오메가3 **한우소**는 기존 배합사료에 아마씨와 들깨 등 씨앗류를 먹여 사육했다.*[247]

*(다) 전 검사는 <PD수첩> 쪽 증인으로 공판에 참석한 우희종 서울대 수의학과 교수를 향해 "OIE기준으로 한국이 광우병 미확인국이라는 것은 광우병은 발생하지 않았지만 (광우병 위험소가) 돌아다닐 수도 있는 것으로, 한우 30개월 이상이라면 위험한 것 아니냐. 그렇다면 한국의 **한우소**도 문제가 되는 것 아니냐"고 물었다.*[248]

위 세 개의 인용문에 공통으로 굵은 글씨체로 표시한 '한우소'는 '한국 소'라는 뜻의 '한우(韓牛)' 다음에 다시 '소'라는 말을 덧붙여 만든 말이다. 곧 '우'와 '소'라는 같은 뜻의 말을 중첩한 꼴이다. 한자말과 우리말이 뒤섞여 있는 것이기도 하면서 같은 뜻이 중복되어 있는 '한우소'라는 어색한 말은 한자말의 전달능력을 전적으로 신뢰하지 못하여 불안한 나머지 실제로는 필요하지 않은 우리말을 덧붙여 선명도를 높이려고 한 결과라고 생

---

246 뉴시스 이○○ 기자 2010.12.19.

247 서울신문 조○○ 기자 2010.10.20.

248 미디어스 송○○ 기자 2009.11.05.

각된다. (가)와 (다)의 예문에서 '한우'와 '한우소'를 뒤섞어 사용하고 있는 것도 그런 사정을 말해준다고 할 것이다.

(3) 행간(行間) 사이

> *우리는 대화 사이의 표정, **글의 행간 사이**에서 더 많은 정보를 얻고 느낀다. 여행도 일종의 행간이다.*[249]

상당히 고급스러운 표현이다. 눈에 보이는 사물의 형상이 그 사물의 진면목이 아니라, 형상 너머에 그 사물의 본질이 존재한다는 말이다. 경험에 대한 깊은 성찰과 세상에 대한 예리한 통찰이 있어야만 그 말의 본래 의미에 다가설 수 있을 것이라는 의미로 해석할 수도 있을 것이다. 글을 읽을 때에는 개개의 글자가 담고 있는 의미에만 집착할 것이 아니라, 그것들이 함께 어우러져 함축하는 그 무엇을 찾아내는 것이 독서의 본령이라고 말하는 것이다. 그러한 방식의 독서는 책의 글자들을 읽기보다는 글자가 씌어 있지 않는 여백, 곧 글줄의 사이를 읽는 것에 더 가까울 수가 있다. 그래서 그런 독서법을 두고 '책의 글줄의 사이를 읽는다'라고 하고, 그것을 '글줄'을 뜻하는 '행(行)'과 '사이'라는 뜻의 '간(間)'자를 결합하여 '행간(行間)을 읽는다'라고 표현한다. 누군가에게는 젊음의 한 순간을 흔들어 놓을 멋진 표현의 말이 되기에 손색이 없다.

---

249 네이버 블로그

그런데 위의 인용문에서는 '글의 행간 사이'라는 표현을 사용하였다. 통상적인 것과 다르다. '사이'라는 말이 더 붙어 있다. '행간'이라는 말에 이미 '사이'라는 뜻의 '간(間)'이라는 글자가 들어 있는데도 불구하고 또다시 '사이'라는 우리말을 덧붙인 것이다. '사이'는 쓸데없는 말이다.

3) 전제된 의미의 중복

(1) 건수천(乾水川)

지금까지 읍·면별로 발주했거나 발주 예정인 사업은 송산면 ***건수천*** *정비공사 등 14건이다.*[250]

이 인용문 속의 '건수천'은 한자로 '乾水川'으로 쓴다. '마를 건(乾)', '물 수(水)', '내 천(川)'의 세 글자가 결합하여 만들어진 단어다. 문제는 '원래 물이 흐르던 하천이었으나 어떤 이유에 의해 현재는 물이 흐르지 않는 하천'이라는 뜻을 가진 이 '건수천'에 '수'라는 말이 왜 들어가 있는가 하는 것이다.

'마를 건(乾)'자는 '물(기)이 없다'는 뜻을 함축하고 있다. 물이 없는(흐르지 않는) 하천은 곧 '마른 하천'이 되고 그것을 한자로 표기하면 '건천(乾川)'이 되는 것이다. '물 수(水)'는 굳이 쓸 필요가 없다는 말이다. '물이 흐르지 않는다'는 사실을 강조하려는 의도가 결국 필요가 없는 '물 수(水)'자를 덧붙이는 결과를 낳았

250 충청투데이 천○○ 기자 <唐津> 2003.03.25.

다고 할 것이다.

(2) 공작새

*전체 형국은 **공작새**가 아름다운 날개를 펴고 있는 공작장비형(孔雀張飛形)이며 또 장군이 군사를 거느리고 있는 듯한 장군대좌형(將軍大坐形)이기도 하다.*[251]

공작(孔雀)은 '까치'나 '까마귀'나 '비둘기'처럼 그 자체가 새 이름이다. 그럼에도 불구하고 일상생활에서는 위 인용문의 경우처럼 '새'라는 말을 덧붙인 '공작새'라는 말을 흔히 사용한다. 까치를 '까치새', 까마귀를 '까마귀새', 비둘기를 '비둘기새'라고 부르는 꼴이라고 할 것이다.

(3) 수입차 10차종(車種)

*한국수입자동차협회 관계자는 "다양한 수입차가 국내에 새로 출시되고 있다"며 "가격대도 매우 다양해져 2천만원대 수입차도 10 **차종**이 넘는다"고 말했다.*[252]

자동차가 발달하면서 용도와 형태가 다양한 차들이 생겨나자 '차의 종류'라는 뜻의 '차종(車種)'이라는 말도 그에 따라 많이

---

251 국립서울현충원 (國立一顯忠院, Seoul National Cemetery, Seoul National Memorial Board) (네이버 백과사전)

252 MBN뉴스 김○○ 기자 2011.10.30.

쓰이게 된 듯하다. 그 결과 차의 종류를 거론할 때에 문맥을 고려하지 않은 채 '차종'이라는 말을 남발하는 경우가 종종 발견되는데, 위의 인용문이 그 한 가지 예다. 위 인용문 속의 "2천만원대 수입차도 10차종이 넘는다"는 말은 "2천만원대 수입차도 10가지가 넘는다"는 말을 하려고 한 것이다. 그렇다면 '차종'은 '차'를 빼고 '종'이라고 하는 것이 순조롭다. 문맥을 무시하고 무조건 글자를 덧붙여 쓴다고 좋은 글이 되는 것은 아니다.

(4) 원산지(原産地): 북한산

"수입농산물의 부정 유통을 막고 국산 농산물의 품질경쟁력을 높이기 위해 1991년 도입한 제도"가 '원산지표시제(原産地表示制)'다.[253] 그런데 이 '원산지표시'를 할 때에 석연치 않은 경우가 자주 보인다.

원산지가 미국이나 중국 등 외국인 경우에는 원산지 표기란에 대개 '미국', '중국' 등으로 기재하여 문제가 되는 경우는 별로 없다. 그렇지만 원산지가 한국인 경우에는 석연찮게 표기하는 경우가 흔하다. 곧 원산지 표기란에 '국산'이라고 쓰는 것이다. '원산지'라는 말이 '원래 생산된 곳'이라는 뜻인데 '원산지'를 표시하는 곳에 '국산'이라고 썼다면 '국산'이라는 곳에서 생산한 것이란 말이 된다. 특별히 '국산'이라는 지역이 있는 것이 아니고 '우리나라'에서 생산된 것이라는 사실을 나타내려고 한다면

253 네이버 백과사전

마땅히 '대한민국'이나 '한국' 등으로 표기해야 할 것이다.

원산지를 '국산'으로 표기한 경우는 어색하기는 해도 이해하는 데에는 큰 문제가 되지 않지만, 때로는 그러한 방식의 표기가 상당한 혼란을 야기하기도 한다. 필자는 몇 년 전에 재래시장에 나갔다가 송이버섯의 원산지를 그런 식으로 표기한 것을 보고 크게 오해한 적이 있었다. 송이버섯 상자 윗면의 원산지 표기란에는 '북한산'이라고 되어 있었던 것이다. 원래 생산된 곳이 '북한산'이라면 서울의 진산이라고 일컬어지는 바로 그 북한산 곧 '삼각산'일 가능성이 높지 않던가? 신기하다는 생각이 들어 북한산에도 그런 송이버섯이 나느냐고 주인에게 물었더니 주인은 '북한에서 생산된 것' 곧 '북한산'이라고 설명한다. 그 송이버섯의 원산지를 '북한'이라는 지명으로 표기해야 하는데, '원산지'의 '산'자를 덧붙여 '북한산'이라고 했기 때문에 그런 혼란이 야기되었던 것이다.

4) 목적어의 중복

동사와 목적으로 구성된 한자어는 어떤 행위를 나타내는 명사로 사용할 수 있지만, 그 속에는 동사적 성격이 살아 있다. 그래서 거기에 '하다'라는 어미를 붙이면 동사가 된다. '읽을 독(讀)'자에 '글 서(書)'자가 결합되어 있는 '독서(讀書)'는 '글을 읽음'이라는 명사가 될 수 있지만 그 속에는 '읽음'이라는 동작과 관련된 의미가 살아 있다. 그래서 거기에 '하다'를 덧붙여 '독서하다'

로 하면 '책을 읽다'라는 뜻의 동사가 된다. 그런데 동사와 목적으로 구성된 단어에 '하다'를 붙여 동사로 사용할 경우, 그 동사적 성격에만 주의를 기울이고 그 동사가 목적어를 대동하고 있다는 사실에는 충분한 주의를 기울이지 않아 어색한 문장을 만드는 경우를 종종 보게 된다. 동사에 내포되어 있는 목적어와 같은 뜻의 목적어를 한 번 더 쓰는 것이 그런 경우에 해당한다.

(1) (도장을) 날인(捺印)하다

(가) 조선왕조실록 오대산 사고본에 서울대 규장각 소장임을 의미하는 ***도서인을 날인****해 논란이 되고 있다. …… 또 "서울대 규장각은 오는 28일까지 실록에* ***도장을 날인****한 사실에 대해 7,000만 겨레 앞에 반성문을 제출할 것을 요청한다"며 "반성문을 제출하지 않는다면 우리는 즉각 문화재보호법 위반 혐의로 형사고발 조치할 것"이라고 통보했다.*[254]

(나) 평창군과 문화재제자리찾기(대표 혜문)는 최근 서울대 규장각 측에 "서울대가 문화재청의 현상변경 허가 없이 조선왕조실록 오대산 사고본에 ***도장날인****을 한 것은 납득하기 어려운 일로* ***장서인 날인****은 국보를 훼손한 중대한 범죄"라는 내용의 항의 서한을 발송했다.*[255]

(다) 강원 평창군이 문화재청의 현상변경 허가 없이 국보 151호인 '조선왕조실록 오대산 사고본'에 ***도장날인****을 했다는 이유로 서*

254 강원일보 남○○ 기자 · 정○○ 기자 2012.02.10.
255 조선닷컴 홍○○ 기자 2012.02.13.

울대 측에 항의서한을 보내는 등 크게 반발하고 있다.[256]

(라) 당시 농지위원이던 J모씨는 최근 "특별조치법 시행 당시 자신은 보증인란에 날인한 적이 없고 이 사건으로 오히려 전 이장 R씨가 찾아와 ***도장을 날인****한 것으로 말해 달라"며 협박을 받았다는 진정서를 검찰에 제출했다.*[257]

(가)에서 (라)까지의 인용문의 굵은 글씨체로 된 부분에는 '도서인을 날인', '도장을 날인', '도장날인' 등이 보인다. '도서인'의 '인(印)'은 '도장'이라는 뜻이고, '도장날인'도 문맥상 '도장을 날인'이라는 말의 준말이므로 전체적으로 '도장을 날인'이라고 한 표현이 공통적으로 들어 있는 문장들이라고 할 수 있다. 그런데 '날인(捺印)'은 '누를 날(捺)'자와 '도장 인(印)'자로 이루어져 있다. 그 뜻은 '도장을 (눌러) 찍다'다. 그러므로 '도장을 날인하다'라고 하면 '도장을 도장(을) 찍다'라는 말이 되지 않을 수 없다. 그냥 '도장을 찍다'라고 하면 될 것을 '찍다'라는 우리말을 피하고 '날인'이라는 한자말을 쓰느라 '도장'이라는 말이 중복되어 있는 어색한 표현이 되어버린 것이다.

256 경향신문 최○○ 기자 2012.02.09.
257 충청일보 주○○ 기자 2012.03.06.

(2) (알을) 산란(産卵)하다

*(가) 2일 경남 창녕군 우포 따오기 복원센터에서 따오기 양저우·룽팅 부부가 다섯개의 **알을 산란해** 부화기에서 인공부화를 하고 있다.*[258]

*(나) 한편 월동 모기는 낮기온 10 ~ 15℃이상이 되면 활동을 시작해 사람이나 동물을 흡혈하고 약 200여개의 **알을 산란하며** 그 후로 개체수가 기하급수적으로 증가하게 된다.*[259]

*(다) 겨울철 모기는 건물 내 제한된 공간이나 정화조에 유충 단계로 서식하기 때문에 적은 노력으로 수백에서 수천마리의 유충을 구제할 수 있어 인력과 약품비용 등을 절감할 수 있으며 유충 한마리가 750여개의 **알을 산란하기** 때문에 유충 한마리를 구제하면 성충모기 750마리를 잡는 효과를 본다.*[260]

위의 인용문에서 굵은 글씨체로 표시한 것 중 '산란'이라는 말은 한자로 '産卵(산란)'으로 쓰는데, '낳을 산(産)'자와 '알 란(卵)'자로 구성되어 있다. 곧 '알을 낳다'라는 우리말을 한자말로 표현하여 '산란하다'라고 한 것이다. 그런데 위의 세 인용문의 굵은 글씨체로 되어 있는 부분은 모두 '알을 산란하다'라고 쓰고 있다. '산란하다'가 '알을 낳다'이므로 이를 '알을 산란하다'에 대입하여 보면 '알을 알을 낳다'가 된다. '알을'이라는 말이 중복되는 것이다. '산란'이라는 말에 이미 '알을 낳다'라는 말이 다 들어 있는데

258 뉴시스 안○○ 기자 2011.04.02.

259 뉴시스 권○○ 기자 2012.02.08.

260 충청일보 이○○ 기자 2012.02.20.

도 이를 단순히 '낳다'라는 동사의 대용으로 씀으로써 목적어가 중복되는 결과를 초래한 것이다.

(3) (사람을) 살인(殺人)하다

(가) 또다른 종이에는 "우리 조직은 돈 때문에 살인하지 않는다. 우리는 여자 혹은 무고한 ***사람을 살인하지*** *않는다. 죽은 사람은 죽어야 할 사람들이다. 이것은 신의 정의라는 것을 알아야 한다"는 경고를 남기기도 했다.*

(나) 올레길 ***여성을 살인****하고, 사체를 유기한 살인범은 자신의 어머니에겐 더 없는 효자였던 것으로 알려졌다.*[261]

'살인'이라는 말은 '죽일 살(殺)'자와 '사람 인(人)'자로 이루어진 말이므로, '사람을 죽이다'가 그 뜻이 된다. 그러므로 '살인'이라는 말을 동사로 사용하면서 그 앞에 사람을 나타내는 말이 목적어로 사용된다면 '사람'이라는 목적어가 중복되게 된다. (가)의 경우 '사람을 살인하지'라고 한 것은 보이는 그대로 '사람'이라는 말이 중복된 경우이고, (나)의 '여성'도 '사람'의 일부이므로 이 역시 '사람'이라는 말이 중복된 어색한 표현이다. '살인'을 목적어를 수반하지 않는 동사 '살해'로 바꾸었다면 원만한 문맥을 구성했을 것이다.

261 제주의소리 이○○ 기자 2012.07.24.

(4) (튜브) 삽관(揷管)

*석해균선장 상태악화…기관내 **튜브 재삽관**[262]*

우리의 용감한 특수부대가 아덴만에서 소말리아 해적을 물리치고 혁혁한 전공을 세우는 과정에서 죽음을 무릅쓰고 군의 작전에 협조한 삼호주얼리호의 석해균 선장은 일약 영웅이 되었고, 그의 병세는 매일같이 보도 매체에 오르내렸다. 위의 인용문도 그런 매체 보도의 일부분이다.

'꽂을 삽(揷)'자와 '대롱 관(管)'자로 이루어진 '삽관(揷管)'이란 말은 꽤 어려운 한자말이다. '(어디에) 대롱을 꽂는다'는 뜻이다. 그런데 영어에서 온 '튜브'도 우리말의 '대롱'이요, 한자의 '관(管)'에 해당하는 말이다. 그러므로 '튜브 재삽관'이라는 말에는 목적어가 중복되어 있다. '튜브'라는 말을 빼든가, '삽관(揷管)'을 '삽입(揷入)'으로 고쳤어야 했을 것이다. 감당하지도 못하는 어려운 한자말을 쓰는 대신에 '대롱 다시 꽂음'이라고 했더라면 얼마나 알아보기 쉬웠겠는가? 아니 '튜브 다시 꽂음'이라고 하는 것이 더 잘 이해될 것 같기도 하다. 좌우간 어려운 한자말을 쓰는 것으로 자신의 지식을 과시하려는 의도가 우리들의 머릿속에 도사리고 있지는 않은지 점검해볼 필요가 있을 것이다.

262 매일경제 스타투데이 2011.02.04.

(5) (불을) 소등(消燈)하다

*단란주점 등 유흥업소는 새벽 2시 이후에는 간판 **불을 소등**해야 합니다.*[263]

일상생활에서 흔히 들을 수 있는 말이다. 그런데 '소등'은 '끌 소(消)'자에 '등불 등(燈)'자가 결합되어 있다. '소등'이라는 말 자체가 이미 '등불을 끄다'라는 뜻이다. 그런데 '소등'이라는 말 앞에 '불을'이라는 말이 있으니, '불'이라는 뜻이 중복되어 있는 상황이다. 그러므로 이 경우에 '소등'이라는 유식해 보이는 말을 굳이 쓰고 싶다면 '간판을 소등해야 합니다'라고 해야 할 것이다.

그러나 그보다는 그냥 쉬운 우리말로 '불을 꺼야 합니다'라고 하는 것이 훨씬 분명하고 알기 쉽다. 우리에게는 우리말이 여러모로 좋은 것이다. 곱고 아름다운 우리말이 멀쩡하게 살아 있는데 굳이 한자어를 주워섬길 필요가 있겠는가?

(6) (둥지를) 이소(離巢)하다

*매사냥으로 사용되는 천연기념물 323호 참매는 겨울 철새로 분류 한국에서 번식기록이 없었으나 충북 남한강변에서 둥지를 틀고 1마리의 새끼가 5월17일 부화, 6월30일 **둥지를 이소**했다.*[264]

263 네이버 카페 2011.03.02.

264 문화일보 2007.11.01.

위 인용문 중의 '이소(離巢)'라는 말은 조류의 생태와 관련 있는 것으로서 '떠날 리(離)'자와 '새집 소(巢)'자로 이루어져 있다. 둥지에서 부화한 어린 새가 충분히 성장한 다음 '둥지를 떠나는 것'을 한자말로 표현하여 '이소(離巢)'라고 한 것이다. 그러므로 위 인용문의 '둥지를 이소했다'라는 말은 결국 '둥지'라는 말을 중복한 것이 된다. 그냥 '이소했다'고 하든지 '둥지를 떠났다'고 해야 이치에 맞는 문장이 된다. 이 역시 쉬운 우리말을 먼저 생각했더라면 문제가 생기지 않았을 경우라고 하겠다.

(7) (자리에) 착석(着席)하다

(가) 26일 오전 서울 건대 롯데시네마에서 열린 영화 '나는 왕이로소이다'의 제작발표회에서 배우 이하늬가 ***자리에 착석****하고 있다.*[265]

(나) 30일 오후 강원 원주 인터불고호텔에서 열린 민주통합당 강원도당 임시대의원대회 및 당대표 최고위원 선출대회에서 당대표 경선에 출마한 이해찬, 김한길 후보가 투표 결과를 보기 위해 ***자리에 착석****하고 있다.*[266]

위 두 인용문에서 굵은 글씨체로 표시한 '자리에 착석(하다)'라는 표현은 하도 흔히 쓰이고 있어서 매우 자연스럽게 받아들여질 것으로 생각된다. 그러나 '착석하다'의 '착석'이라는 말의

---

265 스포츠서울닷컴 이○○ 기자 2012.06.26.

266 뉴시스 박○○ 기자 2012.05.30.

뜻을 살펴보면 어딘지 석연치 않은 구석이 있다.

'착석'은 '붙을 착(着)'자와 '자리 석(席)'자가 결합되어 만들어진 말이다. 그러므로 '착석(着席)'이라는 말은 그 자체로 이미 '자리에 앉다'라는 뜻을 온전하게 나타내고 있다. 그런데 위의 인용문처럼 '자리에 착석하다'라고 하면 '자리에'라는 말을 중복한 결과가 되고 만다. '자리에 앉다'라는 뜻의 '착석'이 단순히 '앉다'라는 뜻으로만 이해되고 있는 현상은 한자말이 우리말 속에 원만하게 섞여드는 데에는 넘기 어려운 턱이 가로놓여 있음을 말해주는 것이라고 할 것이다. 이 경우 역시 그냥 쉬운 우리말로 '자리에 앉고'라고 했더라면 문제가 없었을 것이다. '자리에 앉고'는 격이 떨어지는 표현인가? 모를 일이다.

(8) (북한을) 탈북(脫北)하다

> *나는 **북한을 탈북해**, 꿈에도 그리던 대한민국에 귀순한 이춘구이며, 나이는 35세, 고향은 황해북도 황주군이다.*[267]

'벗어날 탈(脫)'자와 '북녘 북(北)자가 결합되어 있는 '탈북(脫北)'이라는 말은 생긴 지 오래 되지 않은 말이다. 최근 정치 경제적인 이유로 북한을 탈출하는 사람들이 많아지면서 우리의 눈과 귀에 익숙한 말이 된 것이다. 어지간한 사전에는 이 말이 아직 실려 있지도 않다.

267 네이버 블로그

북한과 관련되어 생겨난 '탈북(脫北)'의 '북(北)'은 '북한(北韓)'을 가리키는 말이므로 '탈북(脫北)'의 뜻은 '북한을 탈출하다'이다. 그런데 위 인용문에는 '북한을 탈북해'라고 하고 있다. '북한'이라는 말이 중복된 것이다. '탈북'이라는 말 자체에 목적어가 딸려 있다는 사실을 모르고, 하나의 동사로 착각했기 때문이다. 문맥상 '탈북'은 '탈출'로 바꾸어야 할 것이다.

(9) (독을) 해독(解毒)하다

(가) 서○○ 의사는 "우리 몸에 독소가 많이 쌓여있다. 그 ***독을 해독****하는 주스다"며 암 예방은 물론 피부미용과 다이어트에 효능이 있는 해독주스 만드는 법을 공개했다.*[268]

*(나) 동의보감에서 말했듯이 술을 마신 다음날은 운동을 해서 땀을 내는 것이 술****독을 해독****하는 가장 좋은 방법이다.*[269]

(다) 꿀은 오장(五臟)의 부족함을 채워주어 편안하게 하고, 기(氣)를 도우며, 비위(脾胃)를 좋아지게 하고, 통증(痛症)을 가라앉히며, ***독(毒)을 풀어****주고, 장을 부드럽게 하여 배변을 도우며, 가슴과 배 부위의 나쁜 기운을 없애주고, 건조한 폐(肺)와 거친 피부에 윤기(潤氣)를 주며, 온갖 약을 조화시키고 눈과 귀를 밝게 한다.*[270]

268 뉴스웨이브, 맥스무비, 파이낸셜뉴스, 뉴스엔 2012.02.03.

269 대전일보 2011.12.11.

270 중도일보 2012.05.04.

(가)와 (나)에는 '독을 해독'한다는 말이 공통으로 들어 있다. '해독'이라는 말은 '풀 해(解)'자와 '독 독(毒)'자로 이루어져 있으므로, '해독'은 '독을 풀다'라는 뜻이 된다. 그러므로 '독을 해독하다'라고 한 것을 우리말로 풀면 '독을 독을 풀다'가 된다. '독'이라는 말이 중복되어 있는 것이다. 굳이 한자말을 고집한다면 '해독'을 '해소(解消)' 등과 같은 말로 바꾸든가, 아니면 인용문 (다)에서 굵은 글씨체로 표시한 '독(毒)을 풀어'처럼 우리말을 사용하여 '독을 푸는'이라고 했더라면 같은 말을 중복하는 어색함을 피할 수 있었을 것이다.

5) 동사의 중복

동사와 목적으로 이루어진 말을 쓰면서 동사의 뜻과 같은 동사를 한 번 더 쓰는 경우도 종종 발견된다. 목적어를 중복하는 경우와 마찬가지로 그 말이 동사와 목적어로 구성되어 있다는 사실을 정확하게 인지하지 못해서 생겨나는 현상이라고 할 수 있다.

(1) 고성방가(高聲放歌)를 부르다

술에 취한 50대가 지하철에서 목욕탕 의자에 앉아 ***고성방가를 불렀다.***[271]

271 중앙일보 뉴스 2011.2.28. ('고성방가를 불렀다'라는 부분은 정확하나, 세부적인 표현은 약간 다를 수 있음. 그 다음 날 기사가 삭제되어 확인할 수

'높을 고(高)' '소리 성(聲)' '놓을 방(放)' '노래 가(歌)'로 이루어진 '고성방가(高聲放歌)'라는 성어는 글자 그대로 '높은(큰) 소리로 노래하다'라는 뜻이다. '방(放)'자에 '(노래나 소리 따위를)내뱉다'라는 뜻이 있어서 '방가(放歌)'는 '노래를 부르다'는 뜻이 된다. 그러므로 '고성방가를 부르다'라고 한 위 인용문은 동사 '부르다'를 두 번 쓴 꼴이 되는 셈이다. 성어에 있는 동사 '방(放)'의 존재를 무시하고 전체를 명사로 오인한 결과라고 할 수 있다. 이 경우도 감당하기 힘든 한자어를 써서 '고성방가를 부르다'라고 할 것이 아니라, 그냥 '큰 소리로 노래를 불렀다'라고 했다면 쓰는 이도 쉬웠을 것이고 보는 이도 쉽게 이해할 수 있었을 것이다.

(2) 설욕(雪辱)을 씻다

*(가) 이번 민주통합당 전당대회의 주인공은 당 대표가 된 한명숙이 아니라 3위를 기록한 박영선이라는 평가가 많다. 지난해 10.26 서울시장 경선에서 박원순 무소속 후보에게 졌던 **설욕을** 완전히 **씻고** 완벽한 대중 정치인으로 성장했다는 얘기다.*[272]

*(나) 앞서 김연우는 '나가수'에서 단 두 곡을 부르고 1라운드 만에 탈락, '발라드신'이라는 명예에 치명적인 손상을 입어 안타까움을 자아냈다. 하지만 이번 특별 경연 1위로 당시의 **설욕을** 말끔히 **씻게** 됐다.*[273]

없었음.)

272 프레시안 여○○ 기자 2012.01.15.

273 스포츠서울닷컴 연예팀 2011.10.30.

(다) 이날 승리로 전자랜드는 6승 2패를 기록하며 전날 '최하위' 인 삼공사에게 첫 승을 안겨줬던 패배의 ***설욕을 씻었다.***[274]

(라) 한편 이범호는 이날 경기서 출전하지 못했다. 지바 롯데는 9-6으로 승리해 전날 패배의 ***설욕을 씻었다.***[275]

보다시피 위 인용문에서 공통으로 굵은 글씨체로 표시한 것은 '설욕을 씻다'라는 말이다. 그런데 이 '설욕을 씻다'의 '설욕'은 '눈 설(雪)'자와 '치욕(恥辱)' '모욕(侮辱)' 등에 쓰이는 '욕(辱)'자로 이루어져 있다. 그렇다고 해서 이 '설욕(雪辱)'이 '눈의 욕'이라는 뜻은 아니다. 여기서의 '설(雪)'은 '눈'이라는 뜻이 아니라 동사로서 '씻다'라는 뜻을 가졌다. 그러므로 '설욕(雪辱)'은 '치욕을 씻다'라는 뜻이 된다. '설욕'이란 그 행동을 하는 사람에게는 매우 통쾌한 좋은 일인 것이다. 그런데 위의 인용문들에서는 '설욕을 씻다'다고 말하고 있다. 좋은 것을 씻어 내면 기분이 나빠지는 것이 아닌가? 그러나 문맥은 기분 좋은 상황을 이야기하는 것이 분명하다. '씻었다'라는 말을 중복했기 때문에 그런 엉뚱한 문맥이 만들어진 것이다. 이 경우에는 '설욕을 했다'라고 하든가 '치욕을 씻었다'라고 해야 문맥이 제대로 통할 수 있을 것이다.

---

274 마이데일리 김○○ 기자 2010.10.31.
275 마이데일리 김○○ 기자 2010.08.29.

(3) 운구(運柩)를 옮기다

*노 전 대통령의 **운구를 옮기는** 이병완 전 대통령 비서실장(왼쪽) 안희정 민주당 최고위원*[276]

위와 같은 문맥에 쓰이는 '운구'라는 말은 '옮길 운(運)'자와 '널 구(柩)'자로 이루어져 있는데, '구(柩)'는 흔히 쓰이는 '관(棺)'과 비슷한 말이다. '운구(運柩)'라는 말은 곧 '관을 옮기다'라는 말이 되는 것이다. 그러므로 '운구를 옮기다'라고 하면 '관을 옮기는 것을 옮기다'라는 희한한 말이 되지 않을 수 없다. '운구'라는 말 속에 이미 '옮기다'라는 뜻이 들어 있는데 또 '옮기다'라는 말을 썼기 때문이다. 이 경우에는 차라리 '운구하는' 또는 '관을 옮기는'이라고 했더라면 문맥도 문제가 없고 알아보기도 쉬웠을 것이다.

(4) 중시(重視) 여기다

*미국은 한-미 공조를 **중시 여겨** 한국 정부를 어렵게 하진 않을 텐데….*[277]

흔히 들을 수 있는 말이지만 '중시 여겨'라는 말은 한 번 생각해볼 필요가 있다. '무거울 중(重)'자와 '볼 시(視)'자로 이루어

276 마이데일리 윤○○ 기자 2009.05.25.

277 한겨레 블룸필드(뉴저지주) 권○○ 특파원 2011.12.27.

진 '중시(重視)'는 글자 그대로 '(소)중하게 보다'라는 말이다. '중(重)'자는 동사인 '시(視)'자를 수식하는 부사로 쓰였다. 부사와 동사가 결합하여 하나의 단어가 된 경우다. 그런데 우리말에서도 '보다'와 '여기다'가 모두 '~로 생각하다'라는 뜻으로 쓰일 수 있듯이, 한자 '볼 시(視)'자에도 '~로 여기다'라는 뜻이 있다. 그런즉 '중시(重視)'는 '소중하게 여기다'로 새겨도 무방한 것이다. 그러므로 위 인용문에 보이는 '중시 여겨'는 '여기다'라는 말이 중복되어 있다고 할 수 있다. '중시하여'라고 하든지 '소중히 여겨'라고 했어야 할 것이었다.

(5) 총격(銃擊)을 쏘다

> *작전 당시 해군의 링스헬기가 위에서 삼호주얼리호 선상을 향해 **총격을** 많이 **쏘았는데** 그런 과정에서 배에 불도 났고 어두운 새벽이었다. 혼란스러운 상황이었다.*[278]

'총격(銃擊)'은 '총으로 공격하다'라는 뜻이다. '총으로 공격하다'는 말은 곧 '총을 쏘다'라는 말과 같다. 그래서 '총격을 쏘다'는 '쏘다'라는 뜻이 중복된 어색한 말이다.

'총격'을 '총을 쏨' 또는 '총으로 공격함'이라는 명사적 의미로 사용하여 총을 쏘는 상황을 표현할 때에는 통상 그 뒤에 '가(加)하다'라는 동사를 첨부하여 '총격을 가하다'라고 쓴다. '더할 가

278 DonA.com 2011.02.07.

(加)'자는 '어떤 대상에 행위를 베풀어 그 영향을 입게 하다'라는 뜻을 나타낸다.[279] 그러므로 위 인용문 중의 '선상을 향해 총격을 많이 쏘았는데'는 '선상을 향해 많은 총격을 가했는데'로 하든지 '선상을 향해 총을 많이 쏘았는데'로 바꾸어야 할 것이다.

(6) 축복(祝福)을 빌다

이방에서 발생한 종교의 종교행위와 관련된 사안들을 우리말로 옮기는 과정에서 한자의 본래 성격을 충분히 고려하지 않고 말을 만들어 급기야 우리말의 결을 거스르는 경우도 종종 발견된다.

*태의 문이 열리기를 간절히 기도, 아기에게 **축복을 빌다**.*[280]

이 인용문은 어느 불임부부를 위한 종교의식과 관련된 내용의 일부이다. 사실 이런 표현은 종교와 관련되는 상황에서 흔히 접할 수 있다. 굵은 글씨체로 표시한 '축복을 빌다'라는 말도 심심치 않게 접할 수 있다. 그런데 '축복을 빌다'라는 말을 뜯어보면 뭔가 이상한 구석이 있다.

'축복(祝福)'은 '빌 축(祝)'자와 '복 복(福)'자로 이루어져 있다. 그런즉 '축복'은 '복을 빌다'라는 뜻이 된다. 그러므로 '축복을 빌

279 《국어대사전》(이희승 편저, 서울:민중서림, 1994년 전면 개정 제3판.) 제46쪽 참조.

280 네이버 블로그 2011.02.14.

다'라는 말은 '복을 빌어달라고 빈다'라는 말이 된다. 하나는 한자이고 하나는 우리말이긴 하지만 '빌다'라는 같은 뜻이 중첩되어 이루어진 이상한 문맥인 것이다. 위의 문장의 경우 그냥 '축복하다'라고 하든지 아니면 '복을 빌다'라고 해야 할 것이다.

(7) 회의(懷疑)를 품다

> *그의 논지는 조선 500년 당쟁의 역사로 확대되면서, 현대까지의 우리 민족사를 볼 때 이같은 분열적 요소들이 '민족적 유전자'를 형성한 것이 아닌가하는 **회의를 품**을 때도 있었다는 것이다.*[281]

위 인용문 중 '회의를 품을'의 '회의'는 문맥상 '품을 회(懷)'자와 '의심할 의(疑)'자로 이루어진 '회의(懷疑)'라는 한자말이 틀림없다. '품을 회(懷)'자는 물론 '가슴' '마음' 등의 뜻을 가진 명사로 쓰일 수 있고, '의심할 의(疑)' 역시 '의심'이라는 뜻의 명사로 쓰일 수 있다. '회의(懷疑)'라는 말에서의 '회(懷)'은 '(가슴에) 품다'라는 뜻의 동사로 쓰였고, '의(疑)'는 '의심'이라는 명사로 쓰였다. 그래서 '회의(懷疑)'라는 말은 '의심을 품음'이라는 뜻의 명사가 되고, '회의(懷疑)하다'는 '의심을 품다'라는 뜻의 동사가 된다.

그런데 위 인용문에서는 '회의를 품다'라고 했으니, 결과적으로 '품다'라는 뜻이 중복되는 표현이 되어버렸다. 문맥으로 보아 위 인용문의 '회의를 품을'은 '의문을 품을'로 바꾸어야 같은

---

281 문화일보 엄○○기자 2005.03.18.

말을 중복하는 흠을 피할 수 있을 것이다. '회의'라는 말을 쓰고 싶으면 해당 부분을 '아닌가 하고 회의할 때도'라고 문맥을 조정해야 할 것이다.

6) 그 말이 들어간 다른 말과 혼동

(1) 수목장에 안치

김군의 시신은 축구 경기장이 있는 대구스타디움을 한 바퀴 돈 뒤 대구시립화장장인 명복공원으로 옮겨졌다. 이곳에서 화장 절차를 거쳐 경북 영천 은해사의 ***수목장****에 안치됐다.*[282]

'수목장(樹木葬)'은 "주검을 화장한 뒤 뼛가루를 나무뿌리에 묻는 자연 친화적 장례 방식이다. 인구증가에 따라 나타나는 묘지 부족 문제를 해결하고 국토를 효율적으로 활용하기 위하여 등장하였다."[283]고 한다. 이런 수목장은 1999년 스위스에서 처음 시작되었다고 하니[284] '수목장'이라는 말의 등장은 극히 최근의 일임을 알 수 있다.

그런데 위 인용문에서 '수목장'은 장례의 한 가지 형태를 가리키는 것이 아니라, '유골을 안치할 수 있는 장소'라는 뜻으로

282 서울신문 대구 한○○ 기자 2012.06.06.

283 네이버 백과사전

284 네이버 백과사전

쓰이고 있다. '수목장'의 '장'을 '장사지낼 장(葬)'자가 아니라 '운동장', '예식장', '정거장' 등과 같이 어떤 장소를 나타내는 '마당 장(場)'자로 착각한 것이 분명하다. 사실 '수목(樹木)'에다 묻는 것이 '수목장(樹木葬)'이므로 위 문장은 '수목'과 '수목장'을 혼동한 것이라고도 할 수 있다. 그렇지만 '수목에 안치됐다'라는 표현도 어색함을 떨쳐내기 어려우므로 '수목장'이라는 말이 들어 있는 뒷 문장은 전체적인 조정이 있어야 할 것이다. "경북 영천 은해사에서 수목장을 하였다"라고 하면 어떨지 모르겠다. 굳이 '안치'라는 말을 쓰려면 '장'자를 한 번 더 써서 "경북 영천 은해사의 수목장장(樹木葬場)에 안치됐다"라고 해야 할 것이다.

(2) 제구력이 안 된다

*(가) 그는 "어떨땐 좋은 피칭을 보여주는데 또 어떨땐 아닌 것 같다"고 고개를 갸우뚱거린 뒤 "**제구력이 잘 안 된다**. 스트라이크를 던져야 하는데 계속 볼, 볼 한다. 자기 공을 믿어야 하는데 그렇지 않다.*[285]

*(나) 투수도 사람이기 때문에 당일 컨디션에 따라 공의 궤적, 스피드가 달라진다. 특히 **제구력이 안 될** 경우 투수들은 난감하다.……*
*이날 박현준은 경기 초반 주무기인 포크볼이 **제구가 되지 않아** 고전했다. 2회 채상병과 김상수에게 백투백 홈런을 내준 구종은 각각 직구와 슬라이더였지만 포크볼 **제구가 되지 않은** 바람*

285 OSEN 2009.08.10.

에 일어난 일이다.[286]

(다) 마리오에게 7회까지 기대했는데, 생각보다 ***제구력이 안 돼서*** *힘들었다. 시범경기에선 등판하지 않고 2군 연습경기에만 나오고 나서 곧바로 정규시즌에 들어온 엄정욱도 애초 2이닝에 30개 공을 예정했는데* ***제구가 안 돼*** *일찍 내렸다. 투수진 운영은 당분간 엄정욱은 중간 계투로, 정우람은 마무리로 기용할 생각이다.*[287]

'지을 제(制)'자와 '공 구(球)'자로 이루어진 '제구'의 '제'는 '통제하다', '제어하다'라는 뜻으로 쓰였다. 그래서 국립국어원의 《표준국어대사전》에서는 "야구 경기에서, 투수가 마음먹은 대로 공을 던지는 일"이라고 '제구(制球)'의 뜻을 풀이하고 있다. 그렇다면 '제구력(制球力)'은 '투수가 마음먹은 대로 공을 던질 수 있는 능력'이라고 정의할 수 있을 것이다. 그러므로 '안 되는' 것은 '제구'이지 '제구력'일 수 없다. (가)의 '제구력이 잘 안 된다'라는 말은 '제구가 잘 안 된다'의 잘못인 것이 분명하다.

그런데 (나)와 (다)의 경우에는 '제구가 안 된다'라는 말과 '제구력이 안 된다'는 말이 혼용되어 있다. 자세히 살펴보면 이 둘을 구분하여 일반론을 전개할 때에는 '제구력'이라는 말을 쓰고, 구체적인 상황에서는 '제구'라는 말을 쓰는 경향이 감지되기는 하지만 분명하지 않다. '능력이 안 된다' '재력이 안 된다'

---

286 OSEN 박○○ 기자 2011.05.09.

287 경기일보 이○○ 기자 2012.04.09.

등과 같은 표현을 준용한 결과가 아닌지 모르겠다.

(3) 조망권(이 좋다)

(가) 지형뿐만 아니라 남산공원과 용산민족공원의 ***조망권****도 확보하고 있어 최고의 프리미엄 단지라는 자부심을 기대할 수 있다.……*
실제로 강남3구에 속해있는 아파트의 매매가나 호가시세가 하락하고 있으나 동부건설의 아스테리움 서울은 서울역 쿼트리플 역세권이라는 교통의 최대장점과 남산공원과 용산공원을 바라볼 수 있는 ***조망권****으로 부동산경기의 불황 속에서도 그 기세가 위풍당당하다.*[288]

(나) 반면 호반건설의 '동탄 호반베르디움'과 롯데건설의 '동탄롯데캐슬 알바트로스'는 27홀 규모의 골프장 리베라CC ***조망권****을 갖췄다는 점을 마케팅 포인트로 내세우고 있다.*[289]

(다) 뒷 블록에서 공사를 진행하고 있는 오피스텔 '신촌 푸르지오시티'에 비해 대로변이어서 ***조망권****이 좋다.*

위의 세 인용문의 굵은 글씨체로 표시한 '조망권'이라는 말은 요즈음 부동산과 관련한 문맥에 흔히 등장한다. 그런데 이 '조망권'이라는 말은 1961년 초판으로 1994년에 전면 개정판으로 나온 이희승 편저의 《국어대사전》에는 등재되어 있지 않다. 국립국어원의 《표준국어대사전》에서는 "먼 곳을 바라볼 수 있는

288 중앙일보 조인스랜드 특집기획팀 2012.06.18.
289 한국경제 김○○ 기자 2012.06.17.

권리"라고 '조망권(眺望權)'의 뜻을 풀이하였다.

이를 보면 이희승 편저의 《국어대사전》은 다소 움직임이 늦은 감이 없지 않으나, 어쨌든 '조망권'은 최근에 우리 사회에 등장하여 사용되고 있는 말임을 알 수 있다. 아파트를 위시한 고층의 주거형태가 일반화되면서 기존의 건물 앞에 새로이 높은 건물이 들어서서 기존의 건물에 사는 사람의 시야를 가리는 일이 생기면서 분쟁이 발생하고, 그런 과정에서 '먼 곳을 바라볼 수 있는 것'을 하나의 '권리'로 인식하게 되어 '조망권'이라는 말이 생겨난 것으로 보인다.

그런데 위 인용문에 쓰인 '조망권'은 어떤 '권리'와 직접적인 관련이 없다. 그저 먼 곳이나 아름다운 경치를 바라볼 수 있는 그 건물의 여건을 말하고 있을 뿐이다. 그렇다면 이 문맥의 '조망권'은 '먼 곳을 바라볼 수 있는 권리'로 해석되는 '조망권(眺望權)'과는 상당한 거리가 있다. 요즈음 흔히 쓰이고 있는 '조망권'은 대개 이렇게 그 본래의 의미와는 다르게 쓰이고 있다.

국립국어원의 《표준국어대사전》에서 '조망(眺望)'을 정의하여 "먼 곳을 바라봄. 또는 그런 경치"라고 하였듯이, 어떤 건물의 재실자(在室者)가 바라볼 때 보이는 광경만을 나타내려고 했다면 문맥의 조정이 필요하기는 하지만 '조망'이라는 말만으로도 충분한 것이었다. '조망(眺望)'만으로 충분했던 말이 '조망권(眺望權)'이라는 새로운 말과 혼동되다가 급기야 '조망권'이 도리어 우세를 점하는 상황에까지 이르게 된 것이라고 할 수 있다.

그런데 '조망권'이라는 말을 이런 식으로 쓰는 것이 대세를 이루게 된 데에는 나름대로의 이유가 있었던 듯하다. 우선 부동산 업자들이 재실에서의 조망의 질이 중시되는 시대적 분위기에 편승하여 그것을 다른 데에서는 누릴 수 없는 특권인 것처럼 강조하여 주거공간의 상품 가치를 부각시키려고 했던 것이 '조망권(眺望權)'이라는 말의 유행을 촉진시켰을 것으로 생각된다. 그것보다는 "기차나 지하철역을 일상적으로 이용하는 주변 거주자가 분포하는 범위"[290]를 뜻하는 '역세권(驛勢圈)'이라는 말이 유행하는 것에 편승하여 본래 '바라보는 권리'라는 뜻의 '조망권(眺望權)'을 '바라보는 범위'라는 뜻의 '조망권(眺望圈)'으로 변용한 것이 새로운 형태로 쓰이는 '조망권'의 유행과 더 직접적인 관련이 있는지도 모를 일이다.

'조망'만으로도 충분한데, '조망권'이라고 한 경우도 있고, 때로는 '조망'으로 대체되기 어려운 문맥을 만드는 '조망권'도 있다. 또 본래 법률 용어로서의 '조망권(眺望權)'으로 쓰인 경우가 있는가 하면 '조망권(眺望圈)'이라는 말을 글자 그대로 새기면 문맥이 통할 듯한 경우도 있다. 그러므로 '조망권'이라는 말을 본래 법률용어 '조망권(眺望權)'으로 제한해서 쓰든지, '조망권(眺望圈)'이라는 말을 새롭게 인정하든지 해야 할 시점에 이르렀다고 해야 할 것이다. 만약 구분해서 쓴다면 한자만 다른 것이 아니라 발음도 다른 말을 고안해내는 것이 더 좋을 것이다.

290 국립국어원《표준국어대사전》

(4) 주례사 선생님

'주례사 선생님' *노무현*[291]

위 인용문에 보이는 '주례사 선생님'은 기자들이 쓴 문장에서는 찾아보기 힘들지만, 인터넷의 카페나 블로그에서는 쉽게 검색할 수 있는 말이다. 그만큼 '주례사 선생님'은 일상생활에서 흔히 들을 수 있는 말이다.

'주인 주(主)'자와 '예의(禮義)' 또는 '예식(禮式)'이라는 말에 들어가는 '례(禮)'자가 결합된 '주례(主禮)'라는 말은 본래 '예식(禮式)을 주관(主管)한다'는 뜻이다. '주인 주(主)'자가 동사로 쓰여서 '주관하다', '주재하다'라는 뜻을 나타내기 때문이다. 그러다가 '～을 하다'라는 뜻을 나타내던 말이 '～을 하는 사람'을 나타내는 말로 전용되기도 하는 언어 관행[292]에 따라 '주례'는 '예식을

---

291 한겨레 오피니언 [독자칼럼] ○○여상 장○○ 교사 2009.06.07.

292 '도지사(道知事)'의 '지사(知事)'는 본래 '일(事:사)을 관장하다(知:지)'라는 뜻이었는데, 이것이 '일을 관장하는 사람'이라는 뜻으로 쓰인 경우다. '집사(執事)' 역시 '일(事)을 맡다(執:집)'에서 '일을 맡은 사람'이라는 뜻으로도 쓰이게 된 것이다. '判事(판사)'도 본래 '송사(訟事)를 심리하고 판결(判決)하다'라는 뜻이었는데, 오늘날에는 주로 '송사(訟事)를 심리하고 판결(判決)하는 사람'이라는 뜻으로만 쓰이게 된 것이다.((중국에서는 옛날에 '판관(判官)'이라는 말이 쓰였고 지금은 '재판관(裁判官)'이라는 말이 쓰이고 있다. '판사(判事)'라는 말은 '사건을 심리하고 판단하는' 그 행위를 나타내는 말로만 쓰였지 관직명으로 쓰인 예를 찾아보기 어렵다. 그런데 일본에서는 메이지 2년(1869년)에 '判事(판사)'라는 관직을 만들었다는 말이 있는 것으로 보아(《日本國語大辭典(縮刷版)(日

주관하는 사람'이라는 뜻으로도 쓰이게 되었다. 결혼식장에서 결혼식을 주재하는 사람을 일컫는 '주례'라는 말은 그렇게 해서 생겼다.

결혼식에서 주례가 하는 역할은 결혼식을 주관하는 것만이 아니다. 이제 결혼하여 새로운 형태의 삶을 살아가기 시작하는 신혼부부에게 행복하게 살아가기를 염원하면서 기원하고 당부하는 말을 하기도 한다. 그것이 바로 주례사(主禮辭)다. '주례사'란 '주례(가 하는) 말'이다.

그런데 우리 사회에서 소위 '잘 나가는 사람들'에게는 흔히 '사'자가 붙는다. 그 '사'자에는 그 역할의 성격에 따라 '士(사)'도 있고, '師(사)'도 있으며, '事(사)'도 있다. 그렇지만 그런 사정은 불문하고 '사'자만 붙이면 높이는 이름이 된다고 생각하였는지, 우리 사회의 민주화에 따른 평등 의식의 확산과 더불어 기존에 '사'자를 붙이지 않던 이름들에도 두루 '사'자를 붙이는 현상이 생겨났다.[293]

'주례'라는 말만으로도 '예식(결혼식)을 주관하는 사람'이라는 뜻을 나타내는데도 그 '주례'에 '사'라는 불필요한 말을 덧붙여 '주례사'라고 하는 것은 바로 우리 사회의 그러한 언어 관념과 밀접한 관련이 있을 것으로 생각된다. 결혼식과 관련이 있는

本大辭典刊行會, 日本 東京:小學館, 1980.)》제8권 1235쪽 참조.)우리가 쓰는 '판사(判事)'라는 말은 일본에서 유래된 듯하다.))

293 '운전수'를 '운전사', '간호원'을 '간호사'로 바꿔 부르는 것이 그러한 예에 속한다.

'주례사(主禮辭)'라는 말도 그런 착오를 일으키는 데에 상당한 역할을 한 것으로 짐작된다.

(5) 토사물

*(가) 5천여㎡의 현장 부지에는 곳곳에 **토사물**이 수북이 쌓여 있고, 도로를 뜯어낸 아스팔트 잔해물과 폐드럼통들이 여기저기에 널브러져 있다. 또 덤프트럭이 수시로 오가며 **토사물** 등을 실어 나르고 있어 주변 인도까지 흙먼지가 날리는 데다 현장 포클레인으로 인해 소음도 끊이지 않고 있다.*[294]

*(나) 수협은행 대학생 자전거 해안대장정 단원들은 3일 강원도 삼척 장호마을 인근에서 여름 휴가철을 앞두고 파도에 쓸려온 **토사물** 처리와 바다 쓰레기 수거 등 바닷가 환경정화활동을 벌였다.*[295]

*(다) 동두천시의 한 관계자는 "지난해 **토사물**이 하수관을 타고 쏟아져 내려오면서 실제 배수 용량이 더 작아졌을 것"이라며 "올해는 100mm로 배수 용량을 늘렸지만, **토사물**이 많으면 배수 용량이 그대로 나온다고 장담할 수 없다"고 덧붙였다.*[296]

*(라) 도로에 **토사물** 줄줄..차는 미끌*
*부산 지역에 188mm비가 내린 15일 오후 부산 진구 전포동 진남로에 인근 야산에서 쏟아진 **토사**가 도로로 흘러내려 교통에 불편을 주고 있다.*[297]

---

294 경인일보 황○○ 기자 2012.07.05.
295 서울파이낸스 서○○ 기자 2012.07.03.
296 연합뉴스 권○○ 기자 2012.07.09.
297 연합뉴스 차○○ 기자 2012.07.15.

큰물이 질 때 항상 문제가 되는 것이 물에 휩쓸려오는 흙과 모래다. 그러므로 홍수와 관련 있는 위의 몇 가지 인용문에 들어 있는 '토사' 또는 '토사물'의 '토'는 '흙 토(土)'자이며, '사'는 '모래 사(沙)'자인 것이 분명하다. 그렇지만 그런 뜻을 가진 '토사'는 있어도 '토사물'은 사전에 올라 있지 않다. 사전에 올라 있는 '토사물'은 한자로 '吐瀉物'로 쓰는 것이다. '위로 토하거나 아래로 쏟아낸 것'을 가리키는 말이 '토사물'인데, 대개는 과음 후에 속이 거북하여 토해낸 음식물을 가리키는 말로 쓴다. 그런데도 인용문 (가)와 (나)에서는 흙과 모래를 '토사물'이라고 하였다.

재미있는 점은 (라)의 경우 제목에는 '토사물'이라 하였고, 본문에서는 '토사'라 하여 이 둘을 구분하여 사용하고 있다. 보아하니 여기서 말하는 '토사물'은 '토사를 함유하고 있는 물'인 듯하다. 아닌게 아니라 (다)의 경우도 '토사를 함유한 물'이라고 본다면 말이 되는 듯하다.

그렇지만 인용문 (가)와 (나)의 경우에는 사정이 다르다. 특히 (가)의 경우에는 먼지가 날리는 상황이라고 하였으니 물과는 전혀 관련이 없다. 사실 (나)의 경우도 바닷물을 배제한 나머지를 '토사물'이라고 하였으니 (가)와 사정이 별반 다를 것이 없다. 요컨대 (가)와 (나)의 '토사물'은 그냥 '토사'라고 해야 할 것을 잘못 쓴 것이다. 물론 '토사'라는 한자어와 '물'이라는 순수한 우리말을 섞어서 '토사를 함유한 물'이라는 뜻을 나타내려고 한 '토사물'이라는 말도 자연스럽다고 하기 어렵다. 그냥 '토사'라고만 하면 될 것을 '토사물'이라고 하게 된 데에는 '물'이라는 관련된 사물의 영향과 함께, 이 말과는 전혀 관련이 없으나 '쓸모 없는 것'이라는 이미지를 공유하는 '토사물(吐瀉物)'이라는 단어가 내용을 정확하게 알지 못하는 사람들을 교란시킨 결과라고 짐작된다.

7) 수식어와 조사의 뜻 중복

(1) 매년(每年)마다

(가) 우리나라에서 현대인이 정기검사를 하여야 할 질병의 종류와 그 방법을 보면 고혈압은 ***매년마다*** *혈압을 재고, 동맥경화성 질환은* ***매년마다*** *혈압, 5년마다 콜레스테롤, 1~3년마다 흡연, 1~3년마다 신장과 체중을 검사해 보아야 한다.*[298]

(나) 첫째, ***매년마다*** *남도예술회관에서 1년 동안 준비한 장기자랑을 공연하는 백합제가 있다.*[299]

(다) [정의]전라남도 여수시 여수신항 일대에서 ***매년*** *5월에 열리는 국내 유일의 범선 축제.(중략)*
그러나 행사를 관람하러 온 관객들의 높은 호응에 범선 모임을 통해 국제항해훈련협회(International Sail Training Association)를 결성하게 되었다. 이를 통해 매년 이 행사를 하기로 결의한 것이 유래가 되어 그 후로 범선레이스(Tall Ship's Race)는 ***매년마다*** *세계 각국에서 열리고 있다. 대표적인 레이스는 커티샥 레이스, 에이에스티에이(ASTA), 아이에스티에이(ISTA) 등의 레*

298 한국민족문화대백과 > 과학 > 의약학(출처 한국민족문화대백과, 한국학중앙연구원)

299 네이버 백과사전

이스가 있으며, 수백 척의 세계 각국 범선들이 레이스에 참가하고 있다.[300]

영어의 'every'는 명사 앞에 쓰여서 그 명사 하나하나를 나타낸다. 한문이나 중국어에서 그 역할을 하는 것이 바로 '每(매)'자다. 그런데 우리말에서는 명사 앞에서 그런 역할을 하는 말을 찾아보기 힘들다. 의미상으로는 명사 뒤에 첨부되는 조사 '마다'가 그 역할을 한다. 그래서 '해마다'는 한자어의 '매년(每年)'에 해당한다.

그런데 위의 인용문들에서는 '매년마다'라는 말이 공통으로 들어 있다. 앞서 말했듯이 '해마다'와 '매년'이 같은 말이므로, '매년마다'를 우리말로 환산하면 '해마다마다'가 되고, 한자어로 고치면 '매매년'이 되는 셈이다. 결국 같은 의미가 중복되어 어색한 문구가 된 것이다. 재미있는 것은 (다)의 앞머리에는 '매년'이라는 말을 단독으로 쓴 경우가 보인다는 점이다.

'매년'이라고 하면 의미가 충분히 전달되는데, 한자어가 우리말과 결이 다른 까닭에 뭔가 허전한 마음에 '마다'를 덧붙여 보완하려고 한 것으로 생각된다. '매년'이라고 하든지 '해마다'라고 하든지 어느 한 가지를 선택해야 할 것이다.

---

300 디지털여수문화대전 여수국제범선축제

8) 술어의 중복

(1) 불여(不如) 생전(生前) 일배주(一杯酒)만도 못 하느니라

인간이 모두가 백년을 산다고 해도 병든 날과 잠든 날 걱정 근심 다 제하면 단 사십도 못살 인생 아차 한번 죽어지면 북망산천의 흙이로구나. 사후에 만반진수 ***불여*** *생전 일배주만도* ***못 하느니라.***[301]

국악 명창이 구성지게 부르는 노래의 한 대목에서 만날 수 있는 구절이다. 이 구절은 한자로 구성된 문장 즉 한문을 끌어와서 노래가사의 일부분으로 만든 것인데, 한자어의 한자를 드러내면 '사후(死後)에 만반진수(滿盤珍羞)는 불여(不如) 생전(生前) 일배주(一杯酒)만도 못 하느니라'가 된다. 한자 부분만을 보면 '사후(死後) 만반진수(滿盤珍羞) 불여(不如) 생전(生前) 일배주(一杯酒)'가 된다. '아니 불(不)'자와 '같을 여(如)'자로 이루어진 '불여(不如)'는 글자 그대로 '같지 않다'라는 뜻을 가지지만, 주로 "('불여(不如)'뒤에 나오는 것만) 못하다"라는 뜻으로 쓰이므로 그 뜻은 '죽은 후의 (제사상)쟁반에 가득한 귀한 음식이 살아 있을 때의 술 한 잔만 못하다'가 된다. 문맥으로 보면 "사후(死後)에 만반진수(滿盤珍羞)는 불여(不如) 생전(生前) 일배주(一杯酒)만도 못 하느니라."라는 구절이 나타내고자 하는

301 단가(短歌) <사철가>의 한 대목

것이 바로 이 뜻인 것이 분명하다. 곧 '사후(死後) 만반진수(滿盤珍羞) 불여(不如) 생전(生前) 일배주(一杯酒)'를 '사후(死後)에 만반진수(滿盤珍羞)는 불여(不如) 생전(生前) 일배주(一杯酒)만도 못 하느니라'라고 한 것이다. 원문에 '~만도 못하다'라는 뜻을 나타내는 '불여(不如)'라는 말이 있음에도 또 '~만도 못 하느니라'라는 말을 덧붙인 것이다. 창을 듣는 사람들이 한문으로 된 부분의 뜻을 알아듣는다고 생각했더라면 "사후(死後)에 만반진수(滿盤珍羞)는 불여(不如) 생전(生前) 일배주(一杯酒)니라"라고 하든지 "사후(死後)에 만반진수(滿盤珍羞)는 생전(生前) 일배주(一杯酒)만도 못 하느니라"라고 해야 하는 것이다.

06 문법적인 문제가 있는 한자어

1) 동사와 목적어의 어순 전도

한문을 배우는 사람들은 대개 동사와 목적어의 어순이 상반되는 데에서 우리말과 한문의 차이를 가장 크게 느낀다. 그래서 한자와 한문에 익숙한 사람들은 한자로 말을 만들더라도 한자의 그러한 특성을 충분히 구현해내지만, 그 정도에 이르지 못한 사람이 한자말을 만들거나 사용하는 경우에는 흔히 우리말의 어순에 준해서 말을 만들거나 사용하기 쉽다.

한문에서는 동사가 먼저 오고 그 다음에 목적어가 오므로 동사와 목적으로 이루어지는 단어는 그런 어순에 따라야 올바른 말이 된다. 그렇지만 근래에는 목적어가 먼저 나오는 우리말의 어순에 따라 만들어진 것으로 생각되는 한자어도 적지 않게 유통되고 있다. 그러한 현상이 잘못된 것인지 아니면 한자의 우리식 용법이라고 할 수 있는 것인지에 대해서 진지하게 생각해볼 필요가 있을 것이다.

(1) 가출(家出)과 출가(出家)

우리말에서는 가정 곧 가족이 같이 사는 집을 나가는 것을 그 목적에 따라 다르게 부른다. 스님이 되기 위해서 집을 나가는 것은 '출가(出家)'라고 하고, 가족 간의 불화나 어떤 이유로 가족과 함께 지낼 수 없는 사정이 있어서 집을 나가는 것은 '출가(出家)'라는 말을 뒤집어 '가출(家出)'이라고 한다.

한자의 조어법으로 보면 '집을 나가다'는 '출가(出家)'로 써야 한다. '가출(家出)'은 '집이 나갔다'라는 뜻의 해괴한 말이 된다. 이 '가출(家出)'은 일본식 한자어를 가져다 쓴 것으로 보인다. 일본말 '家出'은 '이에데(いえで)'라고 읽는데, 그 뜻은 '집(을)나감'이다. 일본어에 한자를 갖다 붙인 일본식 한자어를 가져와서는 똑 같이 집을 나가는 것이지만 구도를 위해 집을 나가는 것과 구별하여 고상하지 않게 집을 나가는 상황을 나타내는 말로 쓰고 있는 것이 재미있기는 하지만, 한편으로는 씁쓸하다. 굳이 일본식을 따른다면 우리도 우리말로 '집나감'이라고 하는 것이 좋았을 것이다.

(2) 맹도견(盲導犬) → 도맹견(導盲犬)

*(가) 빈 라덴 잡은 **맹도견** '이빨은 티타늄, 몸엔 방탄조끼' 11일(현지 시간) 영국 '더 선'에 따르면 **맹도견**종으로 유명한 벨기에 말리노이즈들이 이번 작전에 함께 했는데 개들의 이빨은 티타늄 소재로 만들어졌으며 몸에는 방탄조끼도 착용했다.*[302]

(나) 한류 톱스타 배용준의 팬들이 사회 곳곳에서 크고 작은 선행을 베풀어 훈훈한 화제를 뿌리고 있는 가운데, 이번에는 시각장애인을 위해 ***맹도견(盲導犬)*** *지원에 나서 화제가 되고 있다.*[303]

'맹도견'이라는 말은 근래에 사회의 진보에 따라 약자에 대하여 배려하는 분위기가 조성됨에 따라서 생겨난 말이다. 시각장애인에 대한 배려로 그들의 눈을 대신해줄 수 있는 특별한 개를 훈련해 만들어냈는데, 우리나라에서는 그 개에게 '맹도견(盲導犬)'이라는 한자어 이름을 붙였고 그것이 위의 인용문에서처럼 널리 유통되고 있다.

'맹도견'이라는 개의 용도를 따져서 생각해보면 '맹인(盲人)을 인도(引導)하는 개(犬:견)'라는 우리말 어순에 따라서 '맹도견(盲導犬)'이라는 말을 만들어내었다는 것을 알 수 있다. 그런데 여기서 '이끌 도(導)'자는 동사이고, 이 동사가 나타내는 행위는 '장님 맹(盲)'에게 미친다. 그렇다면 이 말의 구조는 잘못되었다. 한자어의 조어 원리에 따르면 동사 '이끌 도(導)'가 먼저 오고 그에 수반되는 목적어 '장님 맹(盲)'이 그 다음에 오며, 그 둘이 '개 견(犬)'을 수식하는 구조가 되어야 한다. 곧 '도맹견(導盲犬)'이라고 해야 올바른 구조의 한자어가 된다.

'맹도견'이라는 말을 그대로 두고 한자어의 조어법에 따라 그 뜻을 새기게 되면 매우 어색한 몇 가지의 뜻이 만들어진다. '장

302 중앙일보 김○○ 기자 2011.05.11.

303 연합뉴스 이○○ 통신원 2007.05.05.

님 맹(盲)'자를 주어로 보는 경우, '맹인이 개를 이끈다' 또는 '맹인이 이끄는 개'가 된다. '장님 맹(盲)'자를 그 다음의 '이끌 도(導)'자를 수식하는 부사어로 보는 경우에는 '맹목적으로 인도하는 개', '마구잡이로 인도하는 개'가 된다. 전자의 경우는 세상에 보기 드문 황당한 상황이 될 것이며, 후자의 경우는 쓸모없는 개가 될 것이다. 아무렇게나 끌고 다니는 개를 믿고 장님이 밖으로 나갈 수 있겠는가?

'맹도견'의 '도'자가 들어 있는 한자어 중에 '도화선(導火線)'이라는 말이 있다. '맹도견'보다 훨씬 오래되는 단어다. 그런데 이 '도화선'에서는 동사인 '이끌 도(導)'자가 목적어 '불 화(火)'의 앞에 와 있다. 한자어는 모름지기 이렇게 만들어야 되는 것이다. 이를 화도선(火導線)이라고 해서야 되겠는가?

(3) 석발기(石拔機) → 발석기(拔石機)

*(가) 쌀 가공시설은 정미기, **석발기**(돌 고르는 기계), 색채선별기(기계로 색을 이용한 다른 색의 쌀이나 이물질을 제거하는 기계), 포장기 등 가공시설 일체를 완비해 소비자와 직접 거래할 수 있는 기틀을 마련했다.*[304]

*(나) 저울과 **발석기** 90년대 것 팝니다.(잘 돌아감) 아버님이 쌀가게를 정리하여서 카스저울200kg 돌 고르는 기계 팝니다.*[305]

굵은 글씨체로 표시했듯이 인용문 (가)에는 '석발기'가 보이

304 충청일보 이○○ 기자 2010.12.01.

305 네이버 카페

고 인용문 (나)에는 '발석기'가 보인다. 그런데 그 둘에는 모두 '돌 고르는 기계'라는 자체 설명이 덧붙어 있다. 그런데 호글 프로그램으로 '석발기'를 한자로 변환시키면 '石拔機'가 뜨지만 '발석기'의 경우는 한자는 고사하고 한글에 빨간 밑줄이 생긴다. '석발기'는 맞는 말이고, '발석기'는 틀린 말이라는 뜻이다.

'석발기'든 '발석기'든 '(돌을) 고르다'라는 뜻을 나타내는 동사는 '뽑을 발(拔)'자다. 그리고 이 '발(拔)'의 동작이 미치는 대상, 곧 목적어는 '돌 석(石)'자다. 그렇다면 앞의 '도화선'의 경우와 같이 동사를 앞세워 '발석기(拔石機)'라고 하는 것이 한자어의 조어 원리에 부합한다. '이를 뽑는 것'도 '뽑을 발(拔)'자에 '이 치(齒)'자를 써서 '발치(拔齒)'라고 하지 '치발(齒拔)'이라고 하지 않는 것은 '발(拔)'자라고 해서 특별히 목적어를 앞세울 까닭이 없다는 것을 잘 보여주는 예라고 할 수 있다. 호글 프로그램의 판정과는 반대로 '석발기'가 아니라 '발석기'가 옳은 말이라는 뜻이다.

언제부터인지 한자와 한문에 조예가 깊지 않은 사람이 새로운 문물을 소개하는 역할을 담당하면서 낱낱의 한자 뜻만 생각하고 한자어의 조어원리는 무시한 한자어를 만들어 유통시키는 경우가 많아진 듯하다. 심지어 이 '맹도견'이나 '석발기'처럼 한자어의 조어원리에 어긋나는 한자어가 맞는 말로 인정되고, 한자어의 조어원리에 따른 제대로 된 말이 틀린 것으로 취급받는 지경에 이르기도 한다. '발석기'라는 말을 쓰는 사람도 있다는 사실이 약간의 위안이 되기는 하지만 '발석기'라는 단어 아래에 뜨는 붉은 줄은 필자의 마음을 어지럽게 만든다. 더욱이 《국어대사전》에서 '돌을 골라낸 쌀'이라는 설명을 붙인 '석발미(石拔米)'라는 말은 그 어지러운 마음을 참담하게 만든다.[306]

(4) 소탐대실(小貪大失) → 탐소실대(貪小失大)

'작을 것을 탐하다가 큰 것을 잃는 것'을 '소탐대실(小貪大失)'이라는 사자성어로 표현하는 것을 흔히 볼 수 있다. 이것도 한자어의 조어법에 어긋나는 한국식 한자어의 한 가지다. 한자의 원리에 따르면 '탐소실대(貪小失大)'가 되어야 한다. '소탐대실(小貪大失)'은 '작게 욕심을 내고 크게 잃는다'라는 뜻이 된다. 너무나 자연스럽게 잘 쓰고 있는 말을 트집 잡는 것 같지만, 참고할 만한 이야기가 있다.

《여씨춘추(呂氏春秋)·권훈(權勳)》편 말미에서는 전체의 내용을 요약하여 "此貪於小利以失大利者也.(차탐어소리이실대리자야.)"라고 하였는데, 그 뜻은 "이것이 작은 이익을 탐하여서 큰 이익을 잃는 것이다."라는 것이다. 여기서 '탐소실대(貪小失大)'라는 사자성어가 나왔는데, 그 뜻 역시 '작은 것을 탐하다가 큰 것을 잃는다'이다. 참고할 필요가 있지 않겠는가?

---

306 《국어대사전》(이희승 편저, 서울:민중서림, 1994년 전면 개정 제3판.) 제1995쪽 참조.

(5) 수양장치(水揚裝置) → 양수장치(揚水裝置)

> ***수양장치(water raising equipment, 水楊裝置)****: 여객차량의 변소. 화장실 등에 공급하는 물을 바닥 아래 등에 설치한 탱크에서 압축공기를 사용하여 압상하는 장치. 물을 밀어 올리는 압축공기는 보조공기통에 모아둔 곳에서* ***수양 감압변, 역지변(non-return valve), 오도변(五道弁)*** *등을 거쳐 물탱크에 보내져 물을 밀어 올린다.*[307]

필자가 우연히 찾아낸 위 인용문은 한자어 오용의 여러 가지 문제점을 동시에 보여주는 특이한 사례라고 할 수 있다. 처음 눈에 띄는 것은 문맥상 '들다' 또는 '올리다'라는 뜻이 있는 '양(揚)'자가 들어갈 자리에 그와 비슷한 형태를 가진 '버드나무 양(楊)'자를 써서 '水楊裝置(수양장치)'라는 말을 사용하고 있다. 그래서 그 글을 쓴 사람은 형태는 비슷하지만 뜻이 전혀 다른 이 두 글자를 분별할 능력이나 주의력이 부족하다는 사실을 드러내고 있다. 그리고 다른 곳에서 이미 거론한 바 있는 '조각 판(瓣)'자를 '변'자로 읽는 잘못된 관행을 그대로 따라서 '감압변'이니 '역지변'이니 '오도변'이니 하는 말들을 사용하고 있다. '말 잘할 변(辯)'이나 '나눌 변(辨)'자의 일본식 약자인 '변(弁)'자를 무분별하게 사용하고 있다는 점도 지적하지 않을 수 없다.

'수양장치(水楊裝置)'라는 말 속에 들어 있는 '버드나무 양(楊)'자를 '들 양(揚)'자로 바로잡는다고 하더라도, 문제는 여전히 남

---

307 철도관련큰사전, 한국철도기술연구원 백○○ 책임연구원, ○○대학교 이○○ 부교수 編著, 2007, 도서출판 골든벨(인터넷 검색).

는다. 앞의 '맹도견'과 '석발기'의 경우에 그러했듯이 동사인 '양(揚)'자 앞에 목적어인 '수(水)'자가 올 수 없다는 것이 그 이유다.

위 인용문의 출처에서 대략 알 수 있듯이, 이 글을 쓴 사람은 결코 낫 놓고 기역자도 모르는 무지렁이가 아니다. 대학교의 교수나 전문적인 기관의 연구원이라면 최고 수준의 지식인 반열에 드는 사람들이다. 이런 사람들이 이렇게 문제가 많은 한자어를 구사하는 데에는 두어 가지의 원인이 있다고 생각된다. 그 하나는 전공 분야와는 관계없이 한자와 한자어 교육을 충실히 받지 못했다는 점이고, 또 하나는 우리 사회에 만연해 있는 일본 문물을 무분별하게 모방하는 풍조에 영향을 받았다는 것이다.

오래 전에 우리말에 들어왔던 한자말과는 달리 근래에 생겨난 것으로 보이는 어휘들 중에 목적어가 앞으로 나와 있는 한자어가 유독 많은 까닭은 일본에서 만들어진 말들을 무분별하게 받아들였기 때문이라고 생각된다. 동사와 목적어의 관계에 있어서 우리말과 어순이 같은 일본에서 그렇게 쓴다면 우리들이 그렇게 쓰지 못할 이유가 무엇이냐고 항변할 사람이 있을지도 모르나, 사실은 그러하지 않다. '수양장치(水揚裝置)'의 '수양(水揚)'을 예로 들어 설명하기로 한다.

일본어에서는 '물을 끌어올리다'라는 뜻으로 '수양(水揚)'이라는 말과 함께 '양수(揚水)'라는 말도 쓰인다. 그러나 그 말들이 사용되는 문맥은 다르다. 한자어로 쓸 때에는 우리말 한자어와 마찬가지로 동사가 앞에 나오고 목적어가 뒤따르는 '양수(揚水)'라는 말을 쓴다. 그러나 순수한 일본어를 쓰면서 그 뜻을 표기하기 위해 한자를 섞어 쓰는 경우에는 '수양'이라고 쓴다. '양수(揚水)'의 일본어 발음은 대략 '요오스이'에 가깝고 '수양(水揚)'은 '미즈아게'에 가깝다. 일본말 '미즈'는 '물'이고 '아게'는 '(들어)올리다'의 명사형이다. 그러므로 우리말과 어순이 비슷한 일본어에서 '수양'이라는 말을 쓰는 경우에 견주어 우리도 그렇게 쓰자고 한다면, '수양(水揚)'이라고 써서는 안 된다. 일본사람들이 '수양(水揚)'이라고 쓰고 '미즈아게'라고 읽듯이, 우리는 '물을 끌어올림'이라고 우리말로 써야 한다는 이야기다. 그러나 우리말에서는 굳이 한자를 병기할 필요가 없다. 우리말과 일본말의 결도 다르다.[308]

(6) 차애인(茶愛人)

2005년 경 어느 식품회사에서 새로운 음료수를 출시하였는데, 그 음료수 통에는 '차애인'이라는 이름을 써놓고 그 위에는 작은 글씨로 '차(茶)를 사랑하는 사람'이라는 설명을 덧붙여 놓았다. 그런즉 그 이름을 한자로 옮기면 '茶愛人(차애인)'이 되는 셈이다. 그런데 '茶愛人(차애인)'이라는 말은 목적어가 동사의 뒤

308 한자의 일본적 변용이라고 할 수 있는 아떼지(あてじ)가 한자어의 조어 원리에 벗어난 한자어의 출현과 관련이 있을 것으로 생각된다. 아떼지는 한자로 '当字' 또는 '宛字'라고 쓰는데, 한자의 본래 뜻과 관계없이 한자의 뜻과 발음을 빌어 어떤 일본어를 표기하는 데에 쓰인 한자를 말한다.

에 오는 한문의 어법에 따르면 '차가 사람을 사랑한다'는 말이지 '차를 사랑하는 사람'이 될 수 없다. '차를 사랑하는 사람'이라는 뜻을 한자로 나타내려고 했다면 '애차인(愛茶人)'이라고 하였어야 할 것이다.

물론 그 정도 되는 회사가 그런 기초적인 한문 문법을 몰랐을 리는 없을 것이다. 그 회사에서 '차애인'이라는 큰 상표명 아래에 '사랑愛 쟈스민녹차', '사월愛 보성녹차', '겨울愛 다즐링홍차'같은 여러 제품을 내놓은 것을 보면 그들은 애초에 문자 장난으로 소비자의 주의를 끌려고 했음을 짐작할 수 있다. 한자의 뜻은 무시하고 발음만 취할 뿐만 아니라 우리말 조사 '에'를 '애(愛)'자로 바꾸는 수준의 장난으로 보면 애초에 한문 문법 따위는 신경 쓰지 않겠다는 의도가 선명하게 드러나 있다. 그렇다고 해도 '차애인(茶愛人)'을 '차를 사랑하는 사람'이라고 새기는 것은 어불성설이다. '나라를 사랑하는 사람'을 '애국자(愛國者)'라고는 해도 '국애자(國愛者)'라고는 할 수 없을 것이기 때문이다.

보통 사람이 그런 말장난을 하면 그걸로 끝나겠지만 '차애인'을 출시한 회사 정도라면 대중에 대한 영향이 없을 수 없다. 금세 그를 모방하여 또 다른 '차애인' 곧 '자동차를 사랑하는 사람'이라는 뜻을 드러내려고 한 '차애인(車愛人)'이라는 상호가 등장한 것은 그들이 영향력이 작지 않음을 보여준다. 대중에 대한 영향력이 큰 사람이나 기관일수록 새로운 말 만들기에 더욱 신중해야 할 것이다.

2) 동목구조(動目構造)와 수식구조(修飾構造)의 혼동

(1) 호안(護岸)과 호안(湖岸)

*(가) 전방 50m 한강 자연형 **호안** 조성 공사(잠원)*[309]

*(나) 준설공사가 끝나고 **호안**이 정비된 상태이다. 4월 19일, 섬과 **호안**을 원래의 모습대로 정비했다. 5월 19일, 정비된 **호안**은 다 무너져버리고 넓은 육지(모래톱)가 생겼다.*[310]

인용문 (가)는 한강과 관련된 글이고, (나)는 낙동강과 관련된 기사의 일부이다. 그런데 이 두 인용문에서 굵은 글씨로 표시한 '호안'의 정체가 애매하다. 강을 포함한 물과 관련된 단어 중에 '호안'이라는 발음을 가진 것으로는 '호안(湖岸)'과 '호안(護岸)'이 대표적이다. '큰못 호(湖)'자와 '언덕 안(岸)'자로 된 '호안(湖岸)'은 '호수의 물과 닿은 육지 부분', 곧 '호수의 기슭'이라는 뜻이다. 그리고 '지킬 호(護)'자와 '언덕 안(岸)'자로 된 '호안(護岸)'은 '(물가의) 언덕을 지키다(보호하다)'라는 뜻이다. 그래서 침식의 위험이 있는 강이나 바다의 기슭을 보호하기 위해서 하는 공사를 '호안공사(護岸工事)'라고 한다.

그런데 위 두 인용문의 굵은 글씨로 된 '호안'은 모두 물이 고여 있는 호수가 아닌 물이 흘러가는 강과 관련되어 있다. 강이나 바다의 기슭을 보호하기 위해서 시행한 '호안공사(護岸工事)'

309 2010년경 한강변 잠원 지구 공사장의 표시판에 씌어 있던 문구.

310 김○○ 한겨레 물바람숲 필진, 녹색연합 활동가 2011.06.01.

의 '호안(護岸)'과 관련이 있는 '호안'임이 분명해진다. 그런데 여기서의 '호안'은 '강 언덕을 지키다'라는 행위를 나타내는 말이 아니라, '호안공사(護岸工事)'의 결과로 만들어진 구조물을 가리키고 있다. '강 언덕을 보호하기 위해서 만든 구조물' 곧 '호안구조물(護岸構造物)'을 '호안(護岸)'이라고 한 것이다. 시중의 국어사전에서 '해안·강안 및 제방 따위가 무너지지 않도록 보호하는 일'이라고 '호안(護岸)'의 뜻을 해설한 것에 견주어 보면 '호안구조물'을 '호안'이라고 한 것은 한 단계 비약한 용법이라고 할 수 있다. 우리나라 토목공학계에서 '호안(護岸)'을 '호안구조물'의 의미로 사용하고 있는 정황이 더러 확인되는데, 하나의 단어로써 서로 관련이 있는 행위와 구조물을 동시에 나타낸다면 의미가 왜곡되는 일이 생기지 않을 수 없다. 용어의 선정에 신중을 기할 필요가 있을 것이다.

'호안'이 '호안구조물'의 대용어로 사용되는 관행을 인정한다고 하더라도 (나)의 경우는 시빗거리가 될 여지가 여전히 남아 있다. 여기서의 '호안'은 석재 구조물이나 콘크리트 구조물이 아니라 강바닥을 파서 그 모래를 강가에 가지런히 쌓아올려 정리한 것을 가리키기도 하고, 자연 그대로의 강기슭을 일컫기도 하기 때문이다. 위 글의 배경이 되는 그림에는 콘크리트나 석재로 된 구조물은 없고 강가에 모래만 있는 것으로 보아, 정비해야할 호안구조물은 애초에 없었고 강기슭 또는 강 언덕만이 정비의 대상이 될 수 있는 상황이다. 굳이 한자어를 쓴다면 '강안(江岸)'이나 '하안(河岸)'이라고 해야 할 것을 '호안'이라고 하였던 것이다. 그곳이 호수가가 아닌 강가이기 때문에 그 '호안'이 '호안(湖岸)'이 아니라는 것을 알 수 있고, (나)에 첨부된 사진에 특별한 구조물이 없는 것을 보면 그것이 '호안(護岸)'도 아님을 알 수 있다.

3) '不'자 기피

동사나 형용사 그리고 다른 부사를 돕거나 문맥을 고르는 역할을 하는 부사도 나름대로의 존재 의의가 있어서 들어가야 할 자리와 들어가서는 안 될 자리가 구분된다. 그러나 본래 우리 문자가 아닌 한자를 사용하는 우리들은 한자어 부사들이 가지고 있는 미묘한 역할 영역을 섬세하게 분별하기 어렵다. 그 결과 특정 부사의 용도를 지나치게 확장시키기도 하고, 시류에 편승해서 특정 부사를 선호하여 그 부사 본래의 성격에 맞지 않는 말을 만들어내기도 한다.

뒤에서 따로 논의할 "'무'자 선호"는 "'불'자 기피"와 맞물려 있음에도 '불'자를 기피하는 것을 한 항목으로 따로 설정하는 것은 옥상옥이라는 느낌이 없지 않다. 그렇지만 '무'자를 선호하는 것에서는 단순히 '불'자를 피하고자 하는 것을 넘어 적극적으로 '무'자를 지향하는 힘이 감지되기 때문에 다소간 구분의 필요가 있다고 본다. 그래서 여기서는 '불'자를 피하고자 하는 힘이 두드러지는 경우만을 떼어서 따로 살펴보기로 한다.

(1) 미기재(未記載)

관공서에 가서 서식을 작성하다가 특정 문구에서 간혹 당혹감을 느끼는 경우가 있는데, 그 중의 하나가 바로 '미기재'라는 말이다. 병역에 관한 것을 쓰는 난에 '여성의 경우 미기재'라고 되어 있는 그 '미기재'를 말한다.

'미기재'는 한자로 '未記載'라고 쓰는 것이 맞을 것이다. '적을 기(記)'자와 '실을 재(載)자로 된 '기재(記載)'라는 말은 우리말로 '(글을) 적어 올림' 또는 '(글을)적어 실음'이라고 풀어진다. 그리고 '아닐 미(未)'자는 완료를 부정하는 부사로 쓰이는 글자다. 그런즉 '미기재'라는 말은 '(아직)기재하지 않았음' 곧 '(아직)써 올리지 않았음'이라는 뜻이다. 서식을 작성하는 사람에게 '해당 사항이 없으면 쓰지 마라'는 뜻을 나타내려고 하는 것이 분명한데도 '미기재'라고 함으로써 그 뜻은 '(서식을 만든 사람이 기재해야 하는 것이지만) 아직 기재하지 않았음'이 되어 버린 것이다. 아무리 '불'자가 싫어도 이 자리에는 '미기재'가 틀리고 '불기재'가 맞다. '불'자가 그렇게 싫으면 차라리 '쓰지 마시오'나 '기재하지 마시오', 또는 '쓰지 말 것' '기재하지 말 것'이라고 알기 쉬운 우리말로 풀어서 쓰면 될 것이다.

(2) 비혼자(非婚者)

*(가) 만국의 **비혼자**여, 단결하라 언니들, **비혼**을 속삭이다 만만찮은 '언니들'이 각자의 전문 분야에서 **비혼(非婚)**을 이야기한*

다.[311]

(나) 미혼은 '아직 결혼하지 않은 상태'를 가리킨다. 미혼이란 단어는 사람을 '결혼한 사람'과 '결혼을 언젠가 할 사람' 이렇게 두 부류만 구분한다.
모든 사람이 결혼을 하고 싶어하고, 결혼을 하는 것이 당연하다는 것을 전제로 한다. 그런 점에서 미혼이라는 단어는 억압적이고 배제적인 용어다. 결혼 이외의 나의 독자적인 삶을 사는 사람들은 미혼, 기혼 그 어디에도 속하지 않는다. 바로 그런 사람들을 가리키는 말이 ***비혼****이다.*[312]

필자가 알기로 위 굵은 글씨체의 '비혼(非婚)'이라는 말은 최근에 생긴 듯하다. 여러 가지 이유로 결혼하지 않고 사는 사람들이 늘어나는 사회 현상과 맞물려 생겨난 것으로 생각된다. 그리고 그 뜻은 예문 (나)에 선명하게 드러나 있다.

'비혼'이라는 말은 결혼이 인간의 당위가 아니라는 인식에서 출발하고 있음을 알 수 있다. 그리고 "미혼은 '아직 결혼하지 않은 상태'를 가리킨다. 미혼이란 단어는 사람을 '결혼한 사람'과 '결혼을 언젠가 할 사람' 이렇게 두 부류만 구분한다."라고 한 데에서 '미혼'이라는 말의 뜻을 '해야 할 결혼을 아직 하지 않은 상태'로 규정하고 있음도 짐작할 수 있다. 옳은 이야기다.

그렇지만 결혼을 하지 않는 것을 넘어 결혼에 관심이 없는 것을 '비혼(非婚)'이라고 한 것은 이상하다. 부정의 뜻을 나타내

---

311 시사IN 고○○ 기자 · 장○○ 기자 정리 2011.04.08.

312 이투데이 황○○ 기자 2012.01.13.

는 부사 '아닐 비(非)'자는 명사를 부정하는 역할을 하는 것이다. 흔히 쓰는 말 중에 '사람답지 않은 것'을 '비인간적(非人間的)'이라고 하고, '예의가 아닌 것'을 '비례(非禮)'라고 하며, '금속이 아닌 것' 즉 '금속의 성질을 갖지 않은 물질'을 '비금속(非金屬)'이라고 하는 것들이 그 예다. 그렇다면 '비혼(非婚)'은 '결혼이 아닌 것'이 되어야 하지 않겠는가?

물론 '비(非)'자를 부정부사로 보지 않고 동사로 간주하면 상황이 좀 달라진다. '비폭력주의(非暴力主義)'의 경우에는 '폭력주의가 아닌 것(주의)'이라고 볼 수도 있고, '비(非)'자를 '비난하다' 또는 '잘못되었다고 생각하다'라는 뜻의 동사로 보아서 '폭력을 비난하는 주의'라고 볼 수 있기 때문이다. 폭력은 어떤 경우에도 나쁘다는 공감대가 넓게 형성되어 있기 때문에 '비폭력주의'의 '비'를 그렇게 해석해도 문제가 없겠지만, '비혼'의 '비'를 그렇게 해석해서 '혼인을 비난하다' '혼인을 잘못되었다고 생각한다'로 새긴다면 예문 (나)에서 지적한 '미혼'보다도 더욱 '억압적이고 배제적인 용어'가 되지 않겠는가? 결혼하는 사람이 결혼하지 않는 사람보다 훨씬 더 많고, 결혼하지 않는 사람 중에도 상황이 뜻대로 되었더라면 결혼했을 사람이 더 많을 것으로 생각되기 때문이다. '비(非)'자의 뜻을 어떻게 새기더라도 문법에 맞지 않거나 이치에 맞지 않는 병폐를 피할 방법이 없다.

위의 '비혼(非婚)'도 '결혼하지 않는다'는 뜻의 '불혼(不婚)'이라고 하는 것이 옳다. 소중히 여기는 가치를 표방하는 말에 '불(不)'자를 붙이는 것이 꺼림칙하여 궁리 끝에 만들어낸 말이 '비혼(非婚)'이라는 말이었을 것이다.

(3) 일사분란 → 일사불란(一絲不亂)

(가) 안전하게 승선한 UDT 요원들은 팀과 개인별로 사전 부여된 임무에 따라 긴밀하고 ***일사분란****하게 선교와 기관실, 50여 개 객실을 차례로 장악하기 시작했다.*[313]

(나) 헬기는 물건을 싣자마자 급히 날아오릅니다. 착륙과 동시에 박스를 내리자마자 서둘러 뛰어가는 요원들. ***일사분란****한 수송작전을 거의 완수하는 순간에 병원 앞에서 그만 실수를 저지릅니다.*[314]

(다) ***일사분란****한 여군의장대*[315]

(라) 이 당선자는 이른바 '가치 공천'을 하지 못한 것을 민주당의 패인으로 꼽았다. "가치를 세웠으면 그 가치에 맞게, 누구사람 누구사람 할 것 없이 거기에 안 맞으면 배제하는 식으로 ***일사분란*** *하게 공천했어야" 한다는 이야기였다.*[316]

위 인용문들에 보이는 '일사분란'이라는 말은 심심찮게 접할 수 있다. 문맥에서 그 뜻을 짐작해보자면 '빈틈없이 질서 있게' 정도가 될 듯하다. 그렇다면 이 '일사분란'은 '일사불란'의 잘못

---

313 mk뉴스 임○○ 기자 2011.01.21. (다음 날 '일사분란'을 '일사불란'으로 고친 수정판 게재.)

314 YTN 조○○ 기자 2012.01.14.

315 뉴스1 박○○ 기자 2012.04.14.

316 미디어오늘 허○ 기자 2012.04.23.

일 가능성이 크다. '한 일(一)' · '실 사(絲)' · '아니 불(不)' · '어지러울 란(亂)'으로 이루어진 '일사불란(一絲不亂)'은 글자 그대로 '실오리 하나 흐트러지지 않은' 질서 있는 상태를 형용하는 말이다. 바로 위의 '일사분란'의 자리에 들어가야 할 그 말인 것이다.

'일사불란'이라는 말을 듣긴 들었지만 그 말의 구체적인 의미를 확인하지 않은 어떤 사람이 그 말을 쓰면서 "질서 있는 좋은 상태를 말하는데 어찌 불길한(?) '불'자가 들어가겠는가?" 하고 지레짐작하여 '일사불란'을 '일사분란'으로 과감하게 고쳤을 것이라고 여겨진다. 그리고 그것이 상당히 많은 사람들에게 받아들여졌고, 그 결과 위의 인용문과 같은 문장들이 생겨나게 되었을 것이라고 추측해본다.

'한쪽으로 치우치지도 않고 특정 집단의 논리에도 매몰되지 않는' 공정한 태도를 나타내는 '불편부당(不偏不黨)'이라는 말을 '불편하고 부당한'이라는 뜻으로 곡해하는 이들이 적지 않은 것도 같은 맥락에서 이해할 수 있을 것이다.

4) '무(無)' 자 선호

근래에 들어 우리 사회에서는 영어의 범람과 함께 새로운 한자어의 등장을 심심찮게 목격하게 된다. 그런 말들 중에는 시대적 가치가 배어 있는 듯한 말들도 있다. 그 중의 하나가 '없을 무(無)'자를 선호하는 것이다. 속단하기는 어렵지만 이러한 언어현상의 이면에는 공해가 범람하는 시대를 사는 사람들의 안전에 대한 희구가 자리 잡고 있다고 생각한다.

(1) 무공천(無公薦) → 불공천(不公薦)

*이날 손 대표가 '통 큰 양보'란 표현까지 써가며 야권연대를 강조하고 나서, 민주당 연대·연합특위에서 공식 제기된 '순천 **무공천**'이 다시 힘을 받을 가능성이 높아졌다. 연대·연합특위에선 "민주당 텃밭인 호남에서 양보할 때 야권연대에 감동을 줄 수 있다"는 의견들이 나왔지만, 호남권 의원들의 반발에 부닥친 상태였다.*[317]

여기에 보이는 '순천 무공천'은 얼핏 말이 되는 듯하다. 한문의 문법에 맞추어 해석을 해도 '순천에는 공천이 없다'고 새겨지기 때문이다. 그러나 사실 이 문구가 전달하려고 하는 주된 의미는 '공천'이라는 행위가 있고 없고를 따지는 데에 있는 것이 아니라, '순천에는 (후보를)공천하지 않는다'라며 공천하는 행위를 부정하는 데에 있다. 그렇다면 여기서의 '무공천'은 '불공천'이라고 하는 것이 더 이치에 맞고 문법에도 맞는 표현이 된다.

(2) 무균질(無均質) → 불균질(不均質)

*그러면서 "마치 본인은 대통령 위에 있고, 헌법 위에 서 있는 사람처럼 하고 있다. 자기는 깨끗하고 **무균질**이고 다른 사람들은 오염*

---

317 한겨레 송○○ 기자 · 이○○○ 기자 2011.02.20.

된 인간처럼 이야기 한다"고도 비난했다.[318]

이 인용문 속의 '무균질'은 그 앞의 '깨끗하고'와 의미상 공통되는 부분이 적지 않지만 그 공통된 부문을 빼고 말한다면 '질병 감염의 우려가 없는 안전한 상태'를 의미하는 것으로 짐작된다. 한자로 쓰면 '無菌質(무균질)'이 될 것이다. 별 문제 없이 쓰인 말인 듯하지만, 이 '무균질'이라는 말의 등장 배경에는 황당한 일화가 있다.

이삼십 년 전 쯤에 우리나라 유업계에 혁명적인 사건이 일어났다. 파스퇴르라는 상표를 단 업체가 고온에서 짧은 시간 살균하던 기존의 방식과는 다르게 저온살균 방식을 채택하여 새로운 제품을 출시한 것이었다. 처음에는 압도적인 시장 점유률을 가진 선발 업체의 비판을 받기도 했지만, 결국에는 소비자의 선택을 받고 유업계의 새로운 경향으로 자리잡았다.

저온살균 방식으로 생산된 우유의 특징은 용기 내에 당시 '크림라인'이라고 불렀던 유막이 형성되는 것이었다. 그것은 용기 내의 입자의 분포가 일정한 기존의 우유와는 완전히 다른 성상의 우유였던 것이다. 그래서 그 우유회사에서는 이 점을 부각시켜서 그것을 신제품 우유의 특징으로 삼아 대대적으로 선전을 하였는데, 그것이 이른바 '무균질 우유'였다. '무균질 우유'가 본래 담아내려고 했던 의미는 기존의 우유처럼 입자의 분포

318 데일리안 윤○○ 기자 2012.01.20.

가 일정한 '균질(均質)의 우유'가 아닌 '입자의 분포가 일정하지 않은 우유'라는 것이었다.

그런데 당시 유명세를 타고 있던 어느 인기 정치인이 모델로 나와 그 '무균질 우유'를 광고하면서 '자신도 그 무균질 우유처럼 깨끗한 무균질 정치를 하겠다'고 하였다. '입자의 분포가 고르지 않다'라는 뜻을 담고 있었던 '무균질'이 갑자기 '세균이 없는 깨끗한 상태'라는 뜻으로 둔갑해버렸다. 그렇지만 그 '무균질'의 본래 뜻을 아는 사람들은 그 정치인의 그 말에 고소를 금치 못했다. '무균질'의 본래의 뜻에 따르자면 '균등하지 않은 정치를 하겠다'고 한 것이니 민주주의 국가의 정치인으로서 이보다 더한 망발이 있겠는가?

'무균질 우유'의 '무균질'을 '無菌質(무균질)'로 보든 '無均質(무균질)'로 보든 모두 문제가 된다. '무균질(無菌質)'이 문제가 되는 것은 저온살균을 한 우유는 고온살균을 한 우유보다 몸에 좋은 유산균이 더 많이 살아 있다고 했기 때문에 그 우유의 특성과 상치되기 때문이다. 또 '無均質(무균질)'이 문제가 되는 것은 '고르다'라는 뜻을 부정하는 부사로는 '無(무)'가 아니라 '不(불)'자를 써야 하기 때문이다. 특수한 경우에 '無(무)'자가 '不(불)'자와 같은 용법으로 쓰이는 경우가 있기는 하나 '無(무)'는 존재를 부정하는 말로서 동사적 성격의 글자이고, 동사와 형용사를 부정하는 기본적인 부사는 '不(불)'이기 때문이다. 그러므로 애초에 '불균질 우유'라고 했더라면 문제가 되지 않았을 것이다. 주로 '무균질'을 '無菌質(무균질)'이라는 뜻으로 오해하게끔 한 문맥을 문제로 삼긴 했지만, '무균질'이라는 말을 광고에 사용하지 말라고 한 법의 판단은 옳은 것이었다.

우유회사나 광고회사 뿐만 아니라 광고모델도 '무균질'이라는 말이 문제가 있다는 사실을 알고 있었을 것이다. 그러나 그 우유를 문법에 맞게 '불균질 우유'라고 불렀더라면 광고효과는 기대하기 어려웠을 것이다. 진실이냐 이익이냐의 사이에서 갈등이 있었을 것으로 짐작된다. 산업화의 부작용에 대한 반동으로 '무농약' '무공해' 등 '무'자를 선호하는 분위기 속에서 대개 부정적인 문맥에 등장하는 '불'자를 선택하기는 어려웠을 것이다.

(3) 무첨가(無添加) → 미첨가(未添加)

*합성보존료 **무첨가***

요즈음 식품의 품질표시란에서 흔히 볼 수 있는 문구다. 그 뜻은 '합성보존료를 첨가하지 않았다', 곧 '합성보존료를 넣지 않았다'라는 말이다. 그런데 그 말을 한자어를 사용하여 '합성보존료 무첨가'라고 하였다. '무'는 '없을 무(無)'자가 틀림없을 것이다. 그런데 이 '무(無)'자는 존재를 부정하는 동사로 주로 쓰인다. 그러므로 '무첨가'라는 말은 '첨가가 없다'라는 말이다. 그래서 '합성보존료 무첨가'를 한문으로 본다면 '합성보존료에는 첨가가 없다'라는 엉뚱한 말이 된다. '무(無)'자 앞에 오는 명사는 주로 특정 사물의 존재 여부를 논하는 문장에서 그 사물의 존재범위를 나타내는 역할을 하기 때문이다. 물론 '합성보존료'와 '무첨가' 사이를 떼어 놓아 한문 문구가 아님을 나타내고 있어서 그 정도까지 오해하기는 힘들지만, 이치는 그러하다.

'합성보존료 무첨가'라는 말이 '합성보존료를 넣지 않는다'라는 뜻이라면 '무첨가'는 문법적으로 '불첨가'가 되어야 한다. 존재를 부정하는 동사 '무' 대신에 '첨가'라는 동사를 부정하는 부사 '불'자를 써야 본래의 뜻이 살아나기 때문이다. 물론 완료를 부정하는 역할을 하는 부사 '미(未)'자를 사용해도 무방하다.

여기서 재미있는 현상은 '불'자를 사용하기 싫으면 '미'자를 사용해도 되는데, 굳이 어법에 맞지 않는 '무'자를 사용하고 있다는 점이다. '불'자를 기피하는 것을 넘어 '무'자를 선호하는 시대적 가치관이 '무첨가'라는 말을 만들어내었다고 하여도 무방할 것이다.

5) 부사 '相'자의 또 다른 의미

*(가) **상**사병: 남녀가 **서로** 몹시 그리워하여 생기는 병*[319]

*(나) **상**사병(**相**思病) : 남녀가 **서로** 몹시 그리워하여 생기는 병.*[320]

*(다) **상**사병(**相**思病): 남녀가 **서로** 몹시 그리워하여 생기는 병.*[321]

*(라) **상**사병(**相**思病): 남녀가 **서로** 몹시 그리워 생기는 병.*[322]

---

319 네이버 웹문서(지식 로그)

320 네이버 웹문서(네이트 지식)

321 네이버 카페

322 네이버 카페

인터넷에서 떠돌고 있는 '상사병'이라는 말에 대한 해설이다. (가), (나), (다)에서 모두 '그리워하여'라고 했던 것을 '라'에서는 '그리워'라고 한 것이 다르지만, 내용은 별 차이가 없다. 많은 사람들이 알고 있는 '상사병'의 정의가 '남녀가 서로 몹시 그리워하여 생기는 병'인 것임을 알 수 있다.

그러나 우리가 알고 있는 상사병은 '서로' 몹시 그리워해서 생기기보다는 어느 일방이 한쪽을 몹시 그리워한 끝에 생기는 것이다. '서로' 그리워한다면 만나면 될 것이니 병이 날 이유가 없다. 그리고 만나지 못할 특수한 사정이 있다고 하더라도 그리워하는 두 사람이 동시에 병이 나는 것은 흔한 일이 아닐 것이다. 요컨대 상사병이란 누군가를 몹시 그리워하는 한 사람이 걸리는 병인 것이다. 일반적으로는 짝사랑이 지나쳐서 생기는 병이 상사병이다. 그런 맥락에서 《네이버 국어사전》이 '상사병'을 '남자나 여자가 마음에 둔 사람을 몹시 그리워하는 데서 생기는 마음의 병'이라고 정의한 것은 매우 적절하다고 할 수 있다.

문제는 '상사병(相思病)'의 '서로 상(相)'자를 '서로'라고 해석하느냐 하지 않느냐에 따라 달라지는 것이다. '서로 상(相)'자를 '서로'라고 새기는 것은 매우 당연한 일로 보이지만, 그것을 '서로'라고 새기면 이치에 어긋나는 말이 되어버린다. 그렇다고 해석하지 않고 넘어가자니 찜찜하지 않을 수 없다. '서로 상(相)'자를 면밀히 검토할 필요가 있다.

어떤 사람이 갑자기 훌륭한 모습으로 바뀌어 있을 때 '(놀라서 또는 자신의 눈을 의심하여) 눈을 비비고 (그를) 쳐다볼' 수 있다. 이

때의 행동을 한자 성어로 '괄목상대(刮目相對)'라고 한다. 그런데 이 '괄목상대(刮目相對)'의 '상대(相對)'는 '서로' 쳐다보는 것이 아니라 어떤 사람이 변한 사람을 쳐다보는 일방적인 행위를 나타낸다. 누군가가 변한 사람을 놀란 눈빛으로 바라보는 것이다. 부사로 주로 쓰이는 '서로 상(相)'자는 '서로'라는 뜻풀이에 걸맞게 어떤 동작이 두 행위 주체 사이에서 발생하는 것을 나타내기도 하지만, 때로는 이 '괄목상대'의 경우처럼 단순히 어떤 동작의 대상이 있음을 나타내는 역할을 하기도 한다. '상사병'의 '상'도 그러한 경우에 해당하는 것이다. '상사병(相思病)'의 '상(相)'은 '사(思)'하는, 곧 '그리워하거나 생각하는' 대상 누군가가 있음을 나타내는 것이다. 그래서 '상사(相思)'는 '(누군가를)그리워하다'라는 뜻이 된다. 《네이버 국어사전》의 '상사병'에 대한 정의가 적절하다고 하였던 이유이기도 하다.

6) 품사 또는 문장성분의 착각

사실 한자의 품사는 고정되어 있지 않다. 하나의 글자 또는 하나의 단어가 문맥과 경우에 따라서 여러 가지 품사로 활용되는 현상은 쉽게 확인할 수 있다. 그러나 글자나 단어에 따라서는 특정의 품사나 성분으로 사용되는 관행이 규범처럼 굳어져 있는 것들도 있다. 그런 관행에 어긋나게 글자나 어휘를 사용했을 때에는 어색한 문맥을 조성하게 되고, 급기야 식자로 하여금 실소를 머금게 한다.

(1) 순수한 명사를 동사성 명사로 착각

(가) 염두(念頭)하다

강용석 의원은 29일 자신의 트위터에 "SBS 개그투나잇 더레드라는 코너의 개그우먼 홍현희가 저를 불러다 부채로 때리고 싶다네요"라는 글을 남겼다. 강 의원의 이 같은 글을 남긴 것은 같은날 개그우먼 홍현희가 자신이 출연하고 있는 '개그투나잇' 연습현장에서 꺼낸 발언을 ***염두한*** *것이다.*[323]

위 '염두'는 한자어로 '念頭'라고 쓰는데, '생각'이라는 뜻이다. 그러나 그 용법은 명사로만 쓰이지 '염두하다'라는 동사로는 쓰이지 않는다. 그래서 '염두'라는 말을 써서 '(짐짓) 생각하다'라는 뜻을 나타낼 때에는 '염두에 두다'라는 표현을 쓴다. 곧 위의 '염두한'은 '염두에 둔'으로 해야 할 것을 잘못 말한 것이다.

그런데 '염두'라는 말과 관련해서 재미있는 것은 우리말 사전에서 그 뜻을 '생각의 시초'라고 새기고 있다는 것이다.[324] 아마도 '염두(念頭)'의 '두(頭)'자를 '시초'라는 뜻으로 새긴 듯하다. 그러나 '염두(念頭)'의 '두(頭)'는 구체적인 뜻을 나타내지 않는 접미사에 불과하다. 현대중국어에서 '나무'를 '목두(木頭)'라고 하고 '돌'을 '석두(石頭)'라고 하는 것과 같은 이치다. 중국과 일본의 큰 사전에 실려 있는 '염두(念頭)'조에서는 모두 '시초'라는 뜻을 새

---

323 헤럴드경제 고○○ 기자 2012.02.29.

324 《국어대사전》(제3판 1994년 전면 개정, 이희승 편저, 민중서림.) 제2649쪽 참조.

기지 않고 있는 것을 보아도[325] 《국어대사전》의 풀이가 문제가 있다는 것을 짐작할 수 있다. 현대중국어에 대한 어느 정도의 이해가 우리말 속의 한자어를 정확하게 이해하는 데에 도움이 될 수 있다는 점을 보여주는 또 한 가지 사례라고 할 수 있을 것이다.

(나) 유탄(流彈)되다

이 무기에는 총알<사진>이 공통적으로 사용되며 일반총알과는 달리 앞이 뾰족하지 않다. 테러범이 인질을 잡고 있는 상황에서 테러범을 저격할 경우 표적을 관통하지 못하게 하기 위해서다. 이 때문에 대테러부대의 총알은 여명작전당시 철판을 뚫지 못하고 ***유탄될*** *가능성이 높다.*[326]

사격이나 총과 관련된 말로서의 '유탄(流彈)'은 '빗나간 탄환'이라는 뜻이다. 형용사적인 뜻으로 쓰인 '흐를 류(流)'자는 '표적에 맞지 않고 흘러가듯 빗나가는' 상황을 나타낸다. 그러므로 '유탄'은 본질적으로 명사다. 그리고 그 뒤에 '되다'라는 말을 붙여 '어떤 동작이 스스로 이루어지는' 의미가 담기는 동사가 될 수 있는 명사는 그 뒤에 '하다'를 붙여 동사가 될 수 있는 경우

---

325 《漢語大詞典》(漢語大詞典編輯委員會漢語大詞典編纂處, 上海:漢語大詞典出版社, 1989년 초판, 1994년 제3쇄.) 제7권 423쪽 및 《日本國語大辭典(縮刷版)》(日本大辭典刊行會, 日本 東京:小學館, 1980.) 제8권 683쪽 참조.

326 아시아경제 양○○ 기자 2011.02.10.

이다. 곧 동사의 어간이 될 수 있는 명사, 곧 동사성 명사인 경우에 '되다'를 붙여 동사를 만들 수 있다. 그런데 '유탄(流彈)'에 '하다'를 붙인 '유탄(流彈)하다'는 성립하지도 쓰이지도 않는 말이다. '유탄(流彈)'은 그 뒤에 '하다'를 붙여 동사를 만들 수 없는 순수한 명사이기 때문이다. 그러므로 위 문장 속의 '유탄될'이라는 말은 잘못되었다. 굳이 '유탄'이라는 말을 쓰고 싶으면 '유탄이 될'로 바꾸어야 하겠지만, 그보다는 '튀어나올'이라는 순수한 우리말로 바꾸는 것이 더 좋아 보인다.

(2) 대명사로 쓰이기도 하는 '自'

*이날 존박은 전람회의 '취중진담'을 **자율곡**으로 선택해 그만의 중저음으로 잘 소화내냈고 허각은 **자율곡**으로 김태우의 '사랑비'를 선택, 완벽한 무대를 선보였다.[327]*

'스스로 자(自)'자는 '스스로'라는 기본적인 뜻처럼 부사로 사용되는 경우가 많지만, 경우에 따라서는 1인칭 대명사의 목적격으로도 쓰인다. 보통의 명사가 목적격으로 쓰일 때에는 그 명사가 동사 뒤에 오는 것이 정격이지만, '스스로 자(自)'자가 목적격으로 쓰일 때에는 동사 앞으로 오게 된다. 결과적으로 '스스로 자(自)'자가 부사로 쓰이는 경우와 목적어로 쓰이는 경우는 형태상으로 구분이 되지 않는다. '스스로 움직인다'는 뜻의 '자

327 메디칼투데이 My 스타뉴스 신○○ 기자 2010.10.23.

동(自動)'의 '자(自)'는 부사로, '스스로를 믿다'는 뜻의 '자신(自信)'의 '자(自)'는 목적어가 되는 것이다.

'자율(自律)'의 '자(自)'는 일인칭 대명사의 목적격으로 쓰인 것이다. 그래서 그 뜻은 '스스로를 규율한다'가 된다. '자신이 알아서 한다'는 뜻이기도 하다. 그러므로 '자율곡(自律曲)'은 '자신이 알아서 하는 노래'가 된다. 노래가 알아서 판단한다고 하니 이상한 말이 된다. 굳이 '자율'이라는 말을 써서 문맥을 맞추려면 '자율 선정곡(自律 選定曲)'이 되어야 할 것이고, 이 말이 길게 느껴진다면 '스스로 고른 노래'란 뜻의 '자선곡(自選曲)'이라고 해야 할 것이다.

(3) 동사를 형용사로 착각

박○○ 대표는 25일 여의도 당사에서 열린 최고위원회에서 "우리가 더욱 신중하고 절제된 행동을 보여야 할 때"라며 "국민들도 더 ***자중자애**한 모습을 보이면서 이 어려운 시기를 잘 극복했다는 평가를 받을 수 있도록 해주기를 바란다"고 당부했다.*[328]

'자중자애(自重自愛)'에 들어 있는 두 개의 '자(自)'는 앞의 '자율(自律)'처럼 모두 일인칭 대명사의 목적격으로 쓰였다. 그래서 그 뜻은 '스스로를 중히 여기고 스스로를 사랑한다'가 된다. '자중자애'는 동사구인 것이다. 그런데 위의 문장에서는 '자중자애

---

328 헤럴드경제 정치 신○○ 기자 · 서○○ 기자, 김○○ 인턴기자 2009.05.25.

한'이라고 하여 마치 형용사인 것처럼 쓰고 있다. '자중자애한'은 '자중자애하는'으로 바꾸는 것이 옳을 것이다.

(4) 동사와 부사의 혼동

(가) 후방추돌 시 목 상해를 최소화하는 후방 ***충격 저감*** *시트 시스템을 운전석과 조수석에 적용했다.*[329]

(나) 서울시는 배출가스 정밀검사에서 기준을 초과한 차량 천697대와 7년 이상된 노후 경유차 3천840대 등 5천537대의 차량은 올해 말까지 ***매연저감****장치를 의무적으로 부착해야 한다고 밝혔습니다.*[330]

(다) 지난달 18일 출시된 캡티바는 한국GM이 ***소음을 줄이기*** *위해 얼마나 노력했는지를 단적으로 보여주는 모델이다. GM이 보유한* ***소음저감*** *기술은 총동원됐다고 해도 과언이 아니다. 먼저 디자인부터 소음을 줄이기 위해 유선형 차체로 설계했다.…… 한국GM 관계자는 "설문조사 결과 가장 시급하게 개선해야할 점으로 소음 문제가 지적됐다"며 "국내 소비자들은 '조용한 차=고급차'라는 인식이 강해 아무리 성능이 뛰어나더라도 시끄러운 차는 만족도가 떨어지는 것으로 나타났다"고 설명했다. 쉐보레 브랜드를 도입하면서* ***소음 감소****에 매달린 이유도 이 때문이다.*[331]

위 인용문에 공통으로 보이는 '저감'이라는 말도 최근에 생겨

---

329 연합뉴스 이○○ 기자 2011.01.13.

330 YTN & Digital YTN 2012.06.22.

331 머니투데이 서○○ 기자 2011.05.27.

난 한자어인 듯한데 상당히 자주 사용되고 있다. 네이버 국어 사전에서는 한자로 '低減(저감)'이라고 쓰고 '낮추어 줄임'이라는 뜻풀이를 달고 있다. 그런데 '낮을 저(低)'는 기본적으로 형용사이고 경우에 따라서는 부사로도 쓰일 수 있다. 동사 앞에 오는 경우는 부사로 보는 것이 옳다. 그러므로 '저감(低減)'에서 '저'는 그 뒤의 동사 '감'의 정도를 나타내는 역할을 한다. 그래서 그 뜻을 '낮게 줄인다'라고 새길 때에도 '낮게'는 '줄이는 정도가 낮다'는 뜻이 된다. '별로 줄이지 않는다'는 말이다.

인용문 (다)는 매우 재미있는 어휘사용법을 보여주고 있는데, 같은 뜻인 것이 분명한 '소음을 줄이다'와 '소음저감'과 '소음감소'라는 말을 같이 쓰고 있다. '소음을 줄이다'라는 뜻을 한자어로 '소음 감소'와 '소음저감'으로 표현했다는 것이 확인된다.

'소음 줄이기'를 굳이 한자어를 쓴다면 '소음 감소'라는 말이 백번 옳다. '감소'라는 말은 '줄여서 작게 만들다'라는 뜻이기 때문이다. 왜 오랜 동안 잘 써오던 '감소'라는 올바른 말을 내버리고 '저감'이라는 어색하기 이를 데 없는 말을 쓰고자 하는지 그 이유를 모르겠다. '감소'라는 진부한 말로써는 그들이 개발한 기계의 참신하고 뛰어난 성능을 충분히 드러내지 못한다고 생각했기 때문일까?

7) 띄어 읽기 오류

(1) 문제성 피부전문

길을 가다가 '문제성 피부전문'이라고 써 붙여 광고를 하는 피부과 병원을 본 적이 있다. 띄어 쓴 것으로 보건대 '문제성'이 '피부전문'을 수식하는 것이 분명하고, 그렇다면 그 병원은 '피부전문'이 '문제성'이 있는 것이 된다. 설마 그런 뜻을 알리려고 붙였을 리는 없을 것이다. 그 병원은 '문제성이 있는, 곧 보통의 의사는 치료하기 힘든 것을 잘 치료하는 유능한 병원'이라고 광고하여 환자들을 불러 모을 심산이었을 것이다. 그렇다면 그 병원은 '문제성 있는 피부를 전문'으로 하는 병원이다. '문제성 있는 피부를 전문'을 간단하게 줄이자면 '문제성 피부 전문'이 되겠고 그것을 다시 둘로 굳이 나누어서 표기하려고 한다면 '문제성피부 전문'이 되었어야 할 것이다. 어느 이메일 광고 문안 속에 들어 있는 '문제성 두피관리'라는 표현도 '문제성두피 관리'로 바꾸는 것이 옳을 것이다.

(2) 화무(花無)는 십일홍(十日紅)

우리말에서 한자어를 올바르게 쓰는 것이 결코 쉬운 일이 아닌 것은 본래 우리말과 한자의 결이 다르기 때문이다. 그럼에도 불구하고 한자어를 넘어 한자로 구성된 문장까지 우리말에 이식하게 되면 마치 이종 장기를 이식한 것처럼 부작용이 나타나기 쉽다.

(가) 달도 차면 기울고 ***화무는 십일홍****... 홍어회 지고 도다리 뜨더니 도다리 지고 과메기 뜬다.*[332]

(나) ***화무는 십일홍이오****, 달도 차면 기운다지만 적적했던 외로운 시간을 누구보다 잘 알던 서로가 사랑으로 채워가니 진 꽃은 다시 피고, 기운 달도 다시 찬다.*[333]

(다) 이 자의적 오만은 집권당의 기둥을 뽑았다. ***화무는 십일홍****, 잔도 차면 넘친다는 진리를 무시했다.*[334]

굵은 글씨로 표시한 '화무는 십일홍'이란 말은 '노세노세 젊어서 노세'라는 유명한 노래에 들어 있는 가사의 일부분이다. 위에서 예문을 셋이나 든 것처럼 이 구절은 사람들의 입에 흔히 오르내린다. 이 '화무는 십일홍'이라는 말은 원래 '花無十日紅(화무십일홍)'이었던 한문을 이렇게 두 부분으로 나누어 읽은 것이다. 문제는 한문의 구조상 원래의 뜻을 온전하게 나타내려면 '花無(화무)'와 '十日紅(십일홍)'이 분리될 수 없다는 것이다.

이 문장에서 '花(화)'는 주어로도 볼 수 있고, 주제어로도 볼 수 있다. 그리고 문장상에서의 기능은 '꽃'이라는 범주를 제시하는 것이다. 그 다음의 '無(무)'는 존재를 부정하는 말로서 동사

332 노컷뉴스 CBS보도국 변○○ 기자 2008.01.07.

333 부산일보 정○○ 기자 2010.07.10.

334 뉴스타운 최○○ 기자 2010.06.16.

적 성격을 띤다. 그리고 '十日紅(십일홍)'은 구조상으로는 '無(무)'의 빈어(賓語)이지만 의미상으로는 '無(무)'로써 부정된 존재의 주체를 나타낸다. 그러므로 '화무십일홍'은 '꽃 중에는 열흘 붉은 것이 없다'라는 뜻이 된다. 그렇기 때문에 굳이 '는'자를 붙이려고 한다면 '花(화)'자 뒤에만 붙일 수 있다. '花(화)는 無十日紅(무십일홍)'이라고는 할 수 있으나 '花無(화무)는 十日紅(십일홍)'이라고는 할 수 없다는 말이다.

우리말과 결이 다른 한문을 우리말 리듬에 억지로 맞춘 까닭에 '花無(화무)는 열흘 동안 붉다'라는 기상천외한 문장이 된 것이다. 물론 그런 뜻으로 노래했을 리는 없지만, '화무십일홍'을 '화무는 십일홍'으로 끊어 읽으면 그렇게 된다는 말이다. 한문 내지는 한자의 결이 우리말의 결과 다르다는 것을 무시한 결과가 그렇게 나타난 것이다.

맺음말

한자어는 우리말 어휘의 과반을 차지한다. 그런 만큼 우리말을 올바르게 쓰기 위해서는 한자어를 적절하고도 정확하게 쓰지 않으면 안 된다. 그렇지만 한자어를 구성하는 한자는 본래 우리말을 표기하는 수단이 아닌 까닭에 한자어가 우리말과 완벽하게 동화되기는 어렵다. 그래서 자칫하면 잘못 쓰거나 어색하게 쓰기 쉽다. 이 책에서 언급한 것만 보더라도 한자어의 오용과 남용은 매우 흔한 현상임을 알 수 있다. 그렇지만 그러한 예들은 필자가 우연히 포착한 것으로서 한자어 오남용 현상의 일부에 지나지 않는다. 한자어 오남용의 실제 상황에 비하면 빙산의 일각 정도에도 미치지 못할 것이다. 우리의 언어생활에서 한자어의 오용과 남용 실태는 정말 심각한 수준이다.

이 책에서 살펴본 바대로 우리말에서의 한자어 오용과 남용 사례들은 그 성격에 따라 여러 가지로 나누어진다. 그것들은 한자어의 조성에 사용되는 한자의 특성에 의한 것과 한자어를 사용하는 사람들에 의한 것으로 크게 둘로 나누어 볼 수 있다. 한자의 성격과 관련된 것으로는 앞에서 언급한 바와 같이 한자가 본래 우리말의 표기 수단이 아니어서 우리말과 서로 결이 다르기 때문에 발생하는 것을 들

수 있다. 한자 중에는 형태가 비슷한 것, 발음이 같거나 비슷한 것, 뜻이 통용되거나 비슷한 것 등이 상당히 많을 뿐만 아니라, 심한 경우에는 혼동을 야기할 만한 요소가 둘 이상이 뒤섞여 있는 경우도 있다는 점 등은 한자어 오남용의 유력한 원인이 된다.

한자어의 오용과 남용을 유발하는 사용자 방면의 요인은 교육과 문화와 의식 등과 관련된 것들이 확인된다.

글쓰기를 업으로 하는 사람들의 글 속에서 한자어의 오남용 사례가 그토록 흔히 발견되는 것은 그 글을 쓴 사람들이 정규 교육과정에서 한자 및 한자어 교육을 충실히 받지 못했기 때문일 것이다. 그들이 범한 오류 중에는 문맥상 어색한 느낌을 주는 것이 많았는데, 그러한 경우에는 사전을 한 번 찾아보는 것만으로 문제를 피할 수 있었다는 점에서, 사전을 가까이 하지 않는 우리의 언어문화도 문제점의 한 가지로 지목될 수 있다. 물론 그에 앞서 보다 더 충실하고 실용적인 사전의 출판과 보급이 전제되어야 할 것이다.

그렇지만 무엇보다 큰 문제는 우리의 의식 문제다. 우리들의 언어생활에서 외래어나 외국어를 선호하면서 우리말을 업신여기는 경향이 감지된다는 것이다.

쉽고도 고운 우리말을 제쳐 두고 틀리면서까지 한자어를 쓰려고 애를 쓰는 경우를 흔히 볼 수 있다. 이것은 마늘이나 소금 같은 일상적인 사물을 일컬을 때에도 갈릭이니 솔트니 하면서 멀쩡한 우리말을 내팽개치고 영어를 끌어다 쓰기를 좋아하는 풍조와 궤를 같이하는 현상임이 틀림없다. 외래어나 외국어를 선호하고 우리말을 업신여기는 열등감이 우리 마음속에 깊게 뿌리내리고 있지 않다면 어떻게 이런 현상이 생길 수 있겠는가?

'한우소', '아는 지인', '대나무 죽순'처럼 한자어를 쓰면서도 무심결에 순수한 우리말로 보완하는 경우가 많은 것을 본 바 있다. 그것은 우리들에게는 순수한 우리말이 가장 효율적인 의사소통 수단이라는 점을 웅변으로 증명한다. 한자어를 잘못 쓰거나 남용하는 것을 바로잡는 것도 물론 필요하지만, 그에 앞서 순수한 우리말을 가꾸고 다듬어나가는 것이 더 중요한 일이라는 사실을 새삼 깨닫게 된다.

후기

재미삼아 시작했던 일이 커져버렸다. 언론 매체에서 이상하게 쓰이고 있는 한자어가 자주 눈에 띄어 그 실상이 어떠한지 궁금하여 사례들을 얼마간 모으고 있었는데, 그 이야기를 들은 신아사의 한규갑 상무가 신아사 사장이 우리말 가꾸기에 관심이 많다면서 책 출간을 부추겼다. 그렇게 하여 본격적으로 작업을 한 것이 거의 1년이 되어 간다. 글을 빨리 쓰던 때에는 한 달이면 일이 끝날 것 같더니, 천성이 게으르고 정신적 기복이 심하다 보니 한심하게도 이제야 겨우 작은 책 한 권이 될 정도가 되었다.

필자의 이 시도는 좋게 보자면 충정이지만 전문적인 식자들의 눈에는 무모한 행동으로 비칠지도 모르겠다. 우리말에서의 한자어 오남용이라는 언어 현상을 언어학의 관점에서는 필자와는 다르게 보는 시각이 있을 수 있고, 어쩌면 필자와는 다른 시각이 정설이 되어 있을 수도 있기 때문이다. 가깝게 지내는 어느 후배 학자는 필자에게 이 책을 출간하지 말 것을 간곡히 권고하였다. 그의 말에는 어학을 전공하지 않은 선배가 망신을 당할까봐 걱정하는 낌새가 역력하였다. 그러나 신아사와의 약속을 저버리기가 어려웠고, 그동안 한자어의 오남용에 대한 필자의 생각을 대중에게 드러내고 싶은 욕구도 크게 자라 있었다. 이런 저런 이유로 망가지고 있는 우리말의 실상과 관련하여 문제제기를 하고 싶은 것이다. 필자의 무능으로 범한 오류에 대해서는 독자 제현의 아낌없는 가르침을 바란다.

일을 빨리 끝내지 못한 것은 필자의 정신 건강에 여러 가지로 부정적인 영향을 끼쳤다. 비록 언어에 국한된 것이기는 하지만, 그 동안 남의 허물을 찾으려는 못된 심보가 필자의 정신세계를 압도하고 있었기 때문이다. 신문과 방송을 보든 인터넷을 검색하든 그리고 사람들과 만나서 이야기를 하든 항상 어떤 한자어를 잘못 쓰고 있는지에만 관심이 가 있었으니, 정말 못할 짓을 하였다. 이 원고를 출판사에 넘기면서 그 못된 버릇을 한시바삐 내다 버려야겠다.

우리말을 아끼고 사랑하시는 신아사 정현걸 사장님께 재삼 경의를 표한다. 필자의 무모한 시도를 호의로 해석해준 한규갑 상무님과 편집부의 여러분께도 감사의 마음을 전한다.

팽철호

서울대학교 인문대학 중어중문학과를 졸업하고 같은 대학에서 석사 및 박사학위를 받았다. 계명대학교 교수를 거쳐 현재 국민대학교 문과대학 중어중문학과 교수로 재직하고 있다.

저서로는 ≪중국고전문학 풍격론≫(사람과 책, 2001.) · ≪임기응변의 중국인≫(사회평론, 2003.) · ≪한자놀이≫(글누림, 2006.) · ≪중국문학통론≫(신아사, 2010.)이 있고, 역서로는 ≪도연명시선≫(계명대학교 출판부, 2002.)이 있다.

우리말을 훼손하는
한자어의 오용과 남용

1판 1쇄 발행 _ 2013년 1월 20일
2판 1쇄 발행 _ 2017년 4월 20일

저　　자 • 팽 철 호
발 행 인 • 정 현 걸
발　　행 • 신 아 사
인　　쇄 • 토탈프로세스
출판등록 • 1956년 1월 5일 (제9-52호)
주　　소 • 서울특별시 은평구 통일로 59길 4 (2F)
전　　화 • 02)382-6411 · 팩스 02)382-6401
홈페이지 • www.shinasa.co.kr
E-MAIL • shinasa@daum.net

ISBN 978-89-8396-935-4(03710)

정가 *14,000*원